Dr. med. Theodor Bovet: Die Ehe

Theodor Bovet

Die Ehe

Ein Handbuch für Eheleute

Dritte Fassung

Katzmann Verlag Tübingen

Die erste Fassung dieses Buches erschien 1946 unter dem Titel
»Die Ehe. Ihre Krise und Neuwerdung«, die zweite Fassung
1954 unter dem Titel »Die Ehe. Das Geheimnis ist groß«

CIP-Kurztitelaufnahme der Deutschen Bibliothek

Bovet, Theodor
Die Ehe: Ein Handbuch für Eheleute. – 3. Fassung, 601.–626. Tsd.
der Taschenbuchausg. – Tübingen: Katzmann, 1978.
   ISBN 3-7805-0330-1

601.–626. Tausend der Taschenbuchausgabe
Deutschsprachige Gesamtauflage 816 000 Exemplare
Alle Rechte vorbehalten
© by Verlag Paul Haupt, Bern, und Katzmann-Verlag KG., Tübingen 1972
Gesamtherstellung Ernst Kaufmann, Lahr/Schwarzwald
Printed in Germany 1978
ISBN 3 7805 0330 1

Inhalt

Vorwort zur Dritten Fassung 7

Sex - Eros - Liebe 9
Vorläufige Begriffserklärung 9
Unterwegs zur Liebe 15
Aufwertung des Eros 20
Die eheliche Beziehung 24

Geborgenheit und Treue 26
Geborgenheit ist das Gewebe der Ehe 26
Bedingungen der Geborgenheit 28
Positive Treue 30
Untreue 32
Typische Situationen 34

Geschlechtsgemeinschaft 43
Liebeskunst 44
Leidenschaft und Zärtlichkeit 47
Zur »Technik« der Liebesvereinigung 51
Von äußeren Bedingungen 59
Gestörte Vereinigung 63
Eros am Tage 67

Nachkommenschaft 70
Befruchtung und Vererbung 71
Schwangerschaft und Geburt 78
Unfruchtbarkeit 81
Empfängnisregelung 84

Das »Haus« der Familie 94
Was begründet die Ehe? 96
Partnerschaft 101
Ehe und Freundschaft 108

Familie und Beruf 110
Geld und Geist in der Ehe 114
Unbewußtes zwischen Eltern und Kindern 117
Kernfamilie und Kommune 123

Das große Drama der Ehe 124

Die Annahme des Partners 125
Wandlung oder Tod des Ichs? 128
Der Dialog in der Ehe 134
Wende 137
Von der Ehescheidung 141
Die alte Ehe 146
Ehe und Tod 149

Das Geheimnis der Ehe 152

Schriften zur Ergänzung 155
Namen- und Sachregister 157

Vorwort zur Dritten Fassung

Vor 25 Jahren versuchte ich zum erstenmal, ein Ehebuch zu schreiben. Es hieß damals: »Die Ehe, ihre Krise und Neuwerdung«. 9 Jahre später wurde es ganz neu gefaßt und erschien unter dem Titel: »Die Ehe, das Geheimnis ist groß«. Die heutige Ausgabe ist wiederum ein weitgehend neues Buch, das meine Erfahrungen nach 25jähriger Tätigkeit als Eheberater und 50 Jahren eigener Ehe auszudrücken versucht. In dieser Zeit haben sich die Auffassungen über Liebe, Geschlecht und Ehe stark gewandelt, die »alte« Moral wird allmählich durch eine »neue« ersetzt, und älteren Menschen wird dabei meist schwindlig. Um so wichtiger erscheint es mir, das hervorzuheben, was für die Ehe *wesentlich*, das heißt von ihrem Wesen her gegeben ist, während sich viele Formen und »unerschütterliche Prinzipien« als hinfällig erweisen. So hoffe ich, nicht nur reife und alte, sondern auch junge Menschen anzusprechen, die nach wie vor um die »wahre« Ehe ringen, aber sich gerade deshalb von der Konvention und Institution des »Establishment« losreißen.

Zürich, den 17. Oktober 1971
Forsterstraße 67

Theodor Bovet

Zur 2. Auflage der Neufassung
Außer kleinen Korrekturen wurde das letzte Kapitel neu geschrieben.

Juni 1972

Th. B.

Zur 3. Auflage

Außer kleinen Korrekturen wurden 3 neue Abschnitte eingefügt auf S. 42, 56 und 102. Man spricht heute viel von der
»Neuen Ehe«, die nicht mehr lebenslang dauern und leichter
mit einem Dritten geteilt werden soll. Man mag solche Formen der Partnerschaft versuchen; vielleicht bringen sie manches Neue. Nur soll man sie nicht »Ehe« nennen. »Die Ehe
kann sich nicht unserer Willkür, sondern unsere Willkür muß
sich der Ehe fügen«, sagt KARL MARX. Dieses Buch handelt
von der Ehe.

28. Mai 1974   Th. B.

Sex – Eros – Liebe

Vorläufige Begriffsklärung

Die Worte »Liebe«, »Eros« und »Sex« gehören heute zu den am meisten strapazierten Begriffen. Man liebt seine Frau, den Jazz oder eine Zigarettenmarke; »Eros« ist für die einen ein Gott, für die andern ein Dämon und der Inbegriff der Sünde; »Sex« ist der Titel einer bedeutenden theologischen Ethik, das große Unbekannte für den Heranwachsenden und auch das billige Gewürz vieler Filme und Illustrierten. Damit wir uns richtig verstehen, wollen wir zunächst versuchen, in diese Begriffsverwirrung etwas Klarheit zu bringen.

Der Mensch kommt, wie die meisten übrigen Lebewesen, in zwei verschiedenen Geschlechtern vor: Er ist entweder Mann oder Frau. Im allgemeinen besteht zwischen einem reifen Mann und einer reifen Frau eine mehr oder weniger starke Anziehung, jeder hat Lust an den körperlichen und seelischen Zügen, die beim Andern spezifisch anders sind. Unter bestimmten Verhältnissen verspürt der Mann den Wunsch, mit der Frau eine enge leib-seelische Gemeinschaft zu bilden, an der gerade die Organe besonders beteiligt sind, die bei beiden verschieden sind. Der gleiche Wunsch entsteht bei der Frau. Alles, was mit diesem polaren Unterschied oder dieser gegenseitigen Ergänzung von Mann und Frau zusammenhängt, nennt man *Geschlechtlichkeit* oder *Sexualität*, während man alle biologischen und psychischen Vorgänge, die sie aufeinander abstimmen und zueinander führen, mit einem etwas unscharfen Begriff als *Geschlechts- oder Sexualtrieb* bezeichnet.

Ganz anderer Art ist die Beziehung, die zwischen irgendwelchen Menschen entstehen kann und die man allgemein als *Liebe* bezeichnet. Es gibt Liebe zwischen Eltern und Kindern, zwischen Freunden oder Kameraden, ja wir können plötzlich Liebe zu einem bislang fremden Menschen empfinden, mit dem wir vielleicht in einer besonderen Weise zusammengeführt wurden. Im Gegensatz zum Geschlechtstrieb ist diese Liebe eine spezifisch menschliche Verhaltensweise. Nur der Mensch ist imstande wahrzunehmen, daß es von ihm völlig unabhängige Wesen gibt, die ganz wie er leben, lieben, sich freuen oder leiden und ihren eigenen Willen haben.

Solange ein Wesen nur von seinen Trieben gesteuert wird, steht es gewissermaßen im Mittelpunkt seiner Welt, und alle andern Wesen sind nur Figuren, die sich um diesen Mittelpunkt drehen: Der ist ein »Verwandter« oder »Freund«, dieser ein »Feind« oder eine »Beute«, jener ein »Geschlechtspartner« oder »Rivale«. Der Mensch jedoch vermag aus seiner Eigenwelt herauszutreten und zu erkennen, daß andere Wesen ebenfalls ihre Eigenwelt haben und nicht einfach um seinetwillen da sind, sondern selbständige Personen bilden, genau wie er. In einem bestimmten Augenblick seiner Entwicklung wird ihm plötzlich klar, daß er den Andern mit »Du« ansprechen kann, während dieser selbst »Ich« zu sich sagt, und daß er umgekehrt vom Andern als »Du« angeredet wird, während er sich selbst als »Ich« bezeichnet. So dauert es einige Zeit, bis Kinder die Ausdrücke »Ich« und »Du« anwenden, während sie vorher sich und die andern in der dritten Person anreden. Wurde der Mensch bisher von seinen Trieben sicher geleitet, muß er sich jetzt in das Abenteuer einlassen, mit andern Wesen zu verkehren, die genau wie er selbt ein Innenleben, einen Willen und eine bestimmte Weltvorstellung besitzen. Soll dieses Abenteuer nicht zu einem wilden Kampf aller gegen alle führen, müssen die Menschen gegenseitig eine bestimmte gemeinsame Ordnung anerkennen;

sie müssen sich durch Worte verständigen und der Aussage des Andern vertrauen können. Und das bedingt, daß ein Mensch für den Andern sich bis zu einem gewissen Grade verantwortlich fühlt. Hier sind wir aber schon sehr nahe bei der Liebe. Das alte Mosaische Gesetz sagt: »Liebe deinen Nächsten, er ist wie du« (Ex 19, 18). Das ist keine »idealistische«, »sentimentale« oder »unrealistische« Forderung, mit der man die Menschen anpredigt, ohne zu hoffen, sie werden sie erfüllen; vielmehr ist es das einzige realistische, der besonderen Wirklichkeit des Menschen angepaßte Gesetz, seine einzige Chance zu überleben, damals wie heute.

Nun wendet sich beim Menschen die Liebe vor allem auch an den Sexualpartner. Normalerweise liebt der Mann die Frau, die ihn sexuell glücklich macht, und die Frau den Mann, der ihr Erfüllung gibt. Ja mehr als das: Wenn Mann und Frau einander lieben, wird der Geschlechtstrieb geweckt, und die Lust wird mächtig erhöht. Diese Verbindung ist so allgemein, daß in der Umgangssprache die sexuelle Anziehung oft mit »Liebe« bezeichnet wird, selbst dann, wenn verantwortliche Liebe von Person zu Person weitgehend fehlt.

Beim Menschen — und in ausgesprochener Weise nur bei ihm — kann man in zunehmendem Maß eine natürliche Tendenz des Sexualtriebes zur Liebe beobachten. Der »menschliche« Mensch betrachtet sein geschlechtliches Gegenüber immer weniger als »Sache« oder »Mittel«, also nicht einfach als »Sexualobjekt« oder »Lustspender«, sondern als eine Person, als gleichwertigen Partner, mit dem zusammen die lustvolle Beziehung gestaltet wird. Und gerade diese Gestaltung, die Art und Weise, wie man sich einander nähert, wie man den Partner glücklich zu machen sucht und zuletzt stufenweise miteinander verschmilzt, bildet das Wesentliche der Begegnung, nicht der am Ende erfolgende Orgasmus und die physiologische Befruchtung. Diese typisch menschliche Form der sexuellen Beziehung bezeichnet man als *Eros*. Der Mensch zielt nicht, wie es etwa bei Hunden oder Hühnern der Fall ist, geradenwegs auf die Paarung, die in kürzester Zeit vollzogen wird, sondern er hat Lust gerade am längsten Weg, und der

Weg kann weit lustvoller sein als das Ziel. Ein Beispiel bietet der andalusische Tanz, bei dem sich die Partner in hochgeschlossenen Kleidern bald langsamer, bald rascher umeinander drehen, ohne sich je zu berühren; sie bewundern sich gegenseitig und lassen dabei die Kastagnetten rollen; wild stampfen sie auf den Boden und bleiben dann ruckartig, wie versteinert, voreinander stehen. Ich kenne kaum einen stärkeren Ausdruck verhaltener erotischer Leidenschaft. Ebenso stellt ein Verliebter nicht nur trocken fest, daß sein Mädchen gut gebaut ist, vielmehr bewundert er alle seine Vorzüge und ersinnt phantasievolle Spiele, um das Zusammensein möglichst zu entfalten. Ein großartiges Beispiel hierfür ist das Hohe Lied Salomons im Alten Testament, das erotisch so geladen ist, daß man jahrhundertelang nicht anzunehmen wagte, daß es sich um echte Liebeslieder handle.

Im Alltag äußert sich der Eros vor allem in der *Zärtlichkeit.* Diese besteht keineswegs, wie viele Männer meinen, nur aus Streicheln und Küssen, sondern ganz wesentlich darin, daß man den Partner froh und glücklich macht, daß man ihm »gut ist«, daß man über allem *seine* Freude, *sein* Wohlbefinden, *seine* Geborgenheit sucht — nicht nur nachts, sondern jederzeit. So kann sich die Zärtlichkeit des Mannes auch einmal darin äußern, daß er seiner Frau ein Gartenbeet umsticht oder nachts aufsteht, wenn ihr Kind den Keuchhusten hat, die Zärtlichkeit der Frau darin, daß sie ihrem Mann einen Brief tippt oder ihm für die Arbeitspause Brote belegt und liebevoll einpackt. Eine besondere Eigenschaft des männlichen Eros im Umgang mit dem andern Geschlecht kann man in der *Fairness* oder Ritterlichkeit (wie man früher sagte) erblicken. Die Ausstrahlung des weiblichen Eros hingegen ist *Charme,* jener beglückende Zauber, den eine richtige Frau, völlig absichtslos, auf ihre Umgebung auszuüben vermag. Dieser Charme strahlt in der Nähe eines geliebten oder auch nur sympathischen Mannes auf wie ein Katzenauge im Scheinwerferlicht.

Außer den Begriffen Geschlechtlichkeit, Liebe und Eros gibt es noch ein Wort, das heute besonders viel gebraucht wird:

Sex. Unter Sex versteht man nicht die allumfassende Sexualität mit ihren zahllosen biologischen, psychischen und sozialen Aspekten; erst recht denkt man dabei nicht an den Eros, der in kunstvoller Weise zwei Menschen verbindet. Dieses Wort bezeichnet vielmehr eine Erscheinung, die man am ehesten mit der suggestiven Verpackung eines Konsumartikels vergleichen könnte oder mit der Zugkraft einer gekonnten Reklame (eines Werbespots). Ein Mann hat Sex, wenn er viele Eroberungen macht, eine Frau macht sich »sexy«, indem sie ihre Augen blau umschattet und ihre Wimpern durch Prothesen verlängert. Sex ist das Thema, das irgendeinen dummen Roman interessant macht. So meint Sex nicht die natürlich gewachsene Beziehung, die im Leben wurzelt, sondern einen isolierten Aspekt der Geschlechtlichkeit, der in keine weiteren Zusammenhänge eingebettet ist. Sex kann geschmackvoll oder abgeschmackt sein, aber immer ist er »gemacht«, verfolgt er einen bestimmten Zweck, ist manipulierbar und dient dazu, andere Menschen zu manipulieren. Dabei braucht Sex nicht einmal sexuelle Absichten zu verfolgen, er kann auch dazu eingesetzt werden, eine Zigaretten- oder Zahnpastareklame wirksamer zu machen. Heute werden wir ununterbrochen und von allen Seiten mit Sex bombardiert, so daß wir zuletzt versucht sind zu glauben, er sei etwas Wirkliches. Gewiß, diese Mode wird vergehen, sie hat schon jetzt bei jungen Menschen weniger Wirkung als bei älteren, aber wir werden sie noch einige Jahre erdulden müssen.

MAX FRISCH beschreibt in seinem Roman »Stiller« die Erlebnisse einer Schweizerin in den USA, und diese Beschreibung kann uns helfen, den Unterschied zwischen Sex und Eros klarer zu sehen: »Es ist merkwürdig zu erfahren, wie wunderbar und groß die Vielfalt des erotischen Spieles ist; Sibylle erfuhr es nie so deutlich wie hier, wo es diese Vielfalt nicht gibt. Beim Verlassen eines Restaurants, beim Verlassen einer Subway, beim Verlassen einer Gesellschaft, nie hatte sie das Gefühl, von einem Mann vermißt zu werden in jener holden Art, die beide Teile, ohne daß sie eine weitere Begegnung suchen, irgendwie beschwingt. Nie auf der Straße traf sie der kurze Blick absichtsloser Freude. Ja, nicht einmal in Gesprächen geisterte etwas von der erregenden Ahnung, daß es den Menschen in zwei Geschlechtern gibt. Alles blieb kameradschaftlich, insofern sehr nett; aber es fiel auch eine Spannung aus, eine Fülle der blühenden Nuancen, eine Kunst des Spiels, ein Zauber, eine Drohung, die erregende Möglichkeit lebendiger Verstrickung. Es war flach, nie geistlos, um Gottes willen, es wimmelte von gescheiten Leuten, von gebildeten Leuten; aber es war leblos, irgendwie reizlos, ahnungslos. Dann kam Sibylle sich als Frau wie unter einer Tarnkappe vor; von niemandem gesehen, nein, nicht gesehen, man hörte nur, was sie redete, und fand es lustig, interessant, mag sein, aber es war eine Zusammenkunft im luftlosen Raum. Es war komisch, sie plauderten über ›Sex problem‹ mit einer so voreiligen Unbefangenheit, mit der Aufgeklärtheit von Eunuchen, die nicht wissen, wovon sie reden. Einen Unterschied zwischen Sex und Erotik schien hier niemand zu kennen. Und wenn sie ihren strotzenden Mangel auch noch für Gesundheit hielten, nein, es war nicht immer lustig, es war langweilig.«

Der Eros ist seinem Wesen nach Beziehung, Dialog, Brücke zwischen zwei Ufern. Es gibt einen einsamen Hunger, einen einsamen Durst und einen einsamen Sex. Aber es gibt keinen einsamen Eros; er entsteht und wird genährt von Liebe und Gegenliebe. Deshalb steht er nicht mit einem Schlag fertig da, sondern wächst und reift ganz allmählich, und er muß gepflegt, *kultiviert* werden, wie eine junge Pflanze.

Unterwegs zur Liebe

Man hat immer wieder versucht, »echte« und »unechte« Liebe zu unterscheiden, und es war eine Zeitlang Mode, die unechte Liebe als »Eros« und die echte als »Agape« zu bezeichnen. Heute halte ich aus verschiedenen Gründen diese Unterscheidung für unhaltbar. Wir wollen statt dessen untersuchen, wie Liebesgefühle eigentlich entstehen.

Die erste Beziehung eines jeden Menschen ist die zu seiner Mutter. Sie ist noch keine personale Liebe, wie ich sie schilderte, aber sie gibt dem Kind das Erlebnis der Geborgenheit, der unbedingten Gegenwart des Andern, seiner Zuneigung und Zärtlichkeit. Wo die Mutter (oder eine mütterliche Pflegerin) in den ersten Lebensjahren fehlt, entsteht eine schwere Schädigung, ein »Verlassenheitskomplex«, und ein so geschädigter Mensch hat es im späteren Leben viel schwerer, Liebe zu geben und Liebe anzunehmen.

Später kommen noch andere Beziehungen hinzu, zum Vater, den Geschwistern, zu Kameraden, aus denen allmählich das personhafte Du-Erlebnis entsteht. Aber die Mutterbeziehung ist wohl die allerwichtigste und am wenigsten ersetzbare. Wir haben Liebe nicht einfach »in uns«, wie unsere Triebe, sie steht uns nicht zur Verfügung; wir können nur die Liebe weitergeben, die wir selber bekommen haben, allerdings in neuer und reiferer Weise. Damit hängt eine merkwürdige Erscheinung zusammen.

Wenn ein Kind einem neuen Menschen begegnet, hat es die Neigung, diesen mit einer bereits bekannten Person gleichzusetzen und ihm ähnliche Gefühle entgegenzubringen. Die ältere Frau ist eine »Mutti«, der ältere Mann ein »Vati« (oder »Großvater«), gleichaltrige Kinder sind »Brüder« und »Schwestern«. Psychologisch sagt man: Das Kind *projiziert* das Bild eines ihm vertrauten Menschen auf den fremden, und es braucht einige Zeit, bis es erkennt, daß dieser eine Person für sich ist. Nun kommen aber solche Identifikationen und Projektionen nicht nur bei Kindern vor, sondern wir neigen alle mehr oder weniger dazu, auf einen neuen Menschen unbewußt das Bild eines bekannten zu projizieren. Dieses Bild kann positiv oder negativ sein, so daß wir einen Unbekannten auf den ersten Blick als »sehr sympathisch« oder »widerwärtig« empfinden können. Auch brauchen wir einige Zeit, um hinter dem projizierten, gewissermaßen von außen aufgeklebten Bild das wahre, eigene Gesicht dieses Menschen zu erkennen. Vielleicht sind wir dann enttäuscht, vielleicht angenehm überrascht, auf jeden Fall aber der Wirklichkeit näher.

Indessen projizieren wir nicht nur die Bilder uns vertrauter Menschen aus unserm persönlichen Unbewußten, sondern auch *Urbilder,* Archetypen, die sich in Zehntausenden von Jahren im sogenannten »kollektiven Unbewußten« (C. G. JUNG) gebildet haben und damit so etwas wie die kollektive Erfahrung der Menschheit seit frühester Zeit widerspiegeln. Sie können bisweilen mit verblüffender Ähnlichkeit in mythologischen Gestalten, in primitiven Malereien oder in den Träumen moderner Menschen wiedergefunden werden. Einer der wichtigsten Archetypen ist die sogenannte »Anima« beim Mann (»Animus« bei der Frau). Meine Anima entspricht etwa der Frau, die ich hätte werden können, wenn ich eben kein Mann wäre; sie bezeichnet also meine ungelebten weiblichen Möglichkeiten und bildet damit weitgehend mein unbewußtes Ideal der Frau. Begegne ich nun einer Frau, auf die meine Anima mit mehr oder weniger Recht projiziert werden kann (natürlich unbewußt), dann habe ich das Gefühl: »Das ist sie, die lang Ersehnte, endlich habe ich sie gefunden!« Durch meine Projektion wird für mich natürlich das wirkliche Wesen dieser Frau zugedeckt, und wenn ich es mit der Zeit allmählich entdecke, bin ich zunächst auch enttäuscht. Sie ist nicht mehr meine Traumgeliebte, sondern »nur noch« die Anna Meier. Wiederum braucht es einige Zeit, bis ich merke, daß ich allein die wirkliche Anna Meier aus Fleisch und Blut im eigentlichen Sinne lieben kann, während meine traumgeliebte Anima nur ein Aspekt von mir selber ist, ich also in mein eigenes (weibliches) Spiegelbild verliebt war.

Ein anderer Archetyp ist der von Jung so benannte »Schatten«. Er bezeichnet das genaue Gegenteil meines »Ideals«, also all das, was ich *nicht* sein will, was ich besonders verabscheue. Nun besitzen wir in Wirklichkeit diese negativ bewerteten Eigenschaften trotzdem — vielleicht sogar in besonders starkem Grade —, nur haben wir sie ins Unbewußte verdrängt und glauben von ihnen frei zu sein. Die Folge dieser Verdrängung ist indessen, daß wir diesen »Schatten« auf andere Menschen projizieren, bald mit mehr, bald mit weniger Grund, und ihm genau das vorwerfen, was wir im Unbewußten selber (auch) sind. Wenn wir also einen Menschen ganz besonders hassen oder verabscheuen, muß immer kritisch untersucht werden, ob er für uns nicht einfach eine »Schattenprojektion« bedeutet. Haben wir diese einmal durchschaut, kann der Haß plötzlich verschwinden. Praktische Beispiele: Für den Kampfsportler, der seine Angst verdrängt, ist der Ausdruck »Feigling« das ärgste Schimpfwort. Für die Frau, die ihre an sich starke Sexualität verdrängt, ist die »Hure« der Inbegriff alles Bösen.

Solche Projektionen spielen bei der Partnerwahl und zu Beginn der Ehe oft eine große Rolle, und es bedarf einiger Mühe, um sie zu durchschauen. Wir werden später darauf zurückkommen.

Was veranlaßt uns nun — abgesehen von den Projektionen —, einen bestimmten Menschen zu lieben? Es können zunächst äußere Eigenschaften sein: Schönheit, Kraft, Fröhlichkeit, Intelligenz, Verständnis, Güte usw. Oder besondere Gelegenheiten, die uns einen anderen Menschen nahebringen: ein freudiger Sieg oder trauriger Anlaß, ein persönlicher Triumph, eine schöne Wanderung oder akute Lebensgefahr — das alles kann ein Liebesgefühl auslösen, das man zunächst noch als *Verliebtheit* bezeichnen mag. Solche Eigenschaften sind jedoch austauschbar: Ich kann später einem andern Menschen begegnen, der noch schöner, intelligenter oder gütiger ist, und das bei einer noch eindrucksvolleren Gelegenheit. Dann geht die Verliebtheit auf diesen über. Im günstigen Fall aber führen die als sympathisch empfundenen Eigenschaften weiter zur eigentlichen Person, und dann entsteht aus Verliebtheit Liebe. Der Freund erzählt von seinem Leben, von seinen äußeren und inneren Nöten, von seinen geheimsten Schwierigkeiten und Hoffnungen, und die Freundin hört zu, stundenlang; sie ermuntert ihn, weiter zu reden, zeigt Verständnis für das, was er selber nicht verstand, und hilft ihm, den »roten Faden« seines Lebens zu finden und weiterzuführen. Denn Liebe erkennt uns besser, als wir uns selber kannten, und zeigt uns den einzuschlagenden Weg sicherer, als wir es allein könnten. Dostojewskij sagt: »Einen Menschen lieben heißt, ihn so sehen, wie ihn Gott gemeint hat.« Diese Liebe vergeht nie, sie gilt einem ganz bestimmten Menschen und kann durch keine andere verwischt werden. Erst wenn wir solche Liebe erleben, wagen wir, ganz zu uns selbst zu stehen. »Jeder Mensch hält Ausschau nach einem Menschen, der ihm das Ja des Seindürfens zuspricht« (Martin Buber). Liebe ist jedoch kein Zustand, der ein für allemal erreicht wäre; sie ist ein immerwährender Prozeß, eine ständige Neuwerdung der Liebenden und ihrer Beziehung, ein unaufhörlicher Kampf umeinander und die Neuentdeckung durch den Andern. Wenn wir einander in dieser Weise lieben, merken wir zuinnerst, daß wir nicht allein sind, daß ein Dritter mitten unter uns ist.

Anstatt eine »echte« von einer »unechten« Liebe zu unterscheiden, ist es richtiger, von »reifer« und »unreifer« Liebe zu reden. Liebe ist ein höchst dynamischer Ausdruck der Person, sie ist nie vollendet und bleibt wohl zeitlebens im Kampf mit unserem trägen Ich und seinem Machtanspruch. Aber auch kämpfende und unvollendete Liebe ist Liebe.

Projektionen und Verliebtheit sind meistens notwendig, um eine Beziehung anzuknüpfen; danach zeigt es sich, ob Liebe entstehen kann. Werner Hofmann sagt das sehr anschaulich: »Man muß verliebt sein, wenn man einen Menschen heiraten will. Das ist gewissermaßen die Initialzündung, der Anlasser. Aber man kann nicht ständig mit dem Anlasser allein Auto fahren. Für eine Ehe braucht es neben der Verliebtheit die Liebe.« (»Ich, Du, wir«) Ja es braucht noch mehr als Liebe. In der Ehe erzeugt die Liebe nicht nur Nachkommen, sie macht auch aus Mann und Frau mehr und mehr ein neues Wesen, ohne ihre Persönlichkeiten auszulöschen. Im Gegenteil: Sie sind erst recht sich selbst und dabei dennoch eins mit dem Andern. In der Schöpfungsgeschichte wird das so ausgedrückt: »Mann und Frau werden ein Fleisch« (Gen 2, 24). Der Ausdruck »Fleisch« heißt hier so viel wie »Geschöpf«, »lebendige Ganzheit«. Modern können wir sagen »Person«. In der Ehe werden Mann und Frau eine neue Person, die ihre beiden Personen erst recht stark macht.

Aufwertung des Eros

Jahrhundertelang und bis weit in unsere Zeit hinein galt der Eros als »niederer Trieb«, als »böse fleischliche Lust« oder wenigstens als eine Kümmerform der »echten« Liebe. Diese Auffassung wurde vielfach von der sogenannten »christlichen« Moral vertreten und ist dennoch in keiner Weise christlich; denn sie entspricht weder der Botschaft Jesu noch der des Alten Testaments. Nachweislich ist die Leibfeindlichkeit, und damit auch die Erosfeindlichkeit, unter nicht-christlichen Einflüssen aus der hellenistischen Zeit und namentlich durch den Perser MANI (216—276 n. Chr.) unter der Bezeichnung Manichäismus in die »christliche« Moral eingedrungen. Es würde zu weit führen, die Gründe für diese verhängnisvolle Entwicklung hier darzulegen. Wer sich dafür interessiert, möge die Bücher von A. ADAM, D. S. BAILEY, G. BARCZAY, F. v. GAGERN, S. KEIL, F. LEIST, E. MICHEL, G. SCHERER oder C. VAN ASCH VAN WEIJK lesen.

In Wirklichkeit ist der Eros gar kein Trieb im eigentlichen Sinn, vielmehr eine spezifisch menschliche Fähigkeit, aus der rein biologischen Paarung von Mann und Frau ein Kunstwerk zu schaffen, eine wirkliche Begegnung von zwei Personen, einen *Dialog,* bei dem nicht nur Worte, sondern auch Blicke, Küsse und mannigfaltige Zärtlichkeiten ausgetauscht werden. Die intensive Lust, die dabei für beide Partner entsteht, hat nichts Egoistisches an sich — ganz im Gegenteil: Sie sprengt das starre Gehäuse des Ichs und läßt dieses zum Du hinüberfließen. Erotisch erfüllte Menschen strahlen, ob sie wollen oder nicht, ihr Herz öffnet sich weit für die Menschen und die Natur, und sie werden von Grund auf verwandelt. Aber eben, es ist ein Kunstwerk, das miteinander gelernt, geübt und immer weiter kultiviert werden will. Der erotisch nicht kultivierte Sexualtrieb bedeutet für die Frau meist eine Vergewaltigung, und die unerotische Frau ist für den Mann wenig anziehend.

Der Eros äußert sich in der elementaren Lust, die Mann und Frau aneinander haben: nicht nur beim eigentlichen Geschlechtsverkehr, sondern ganz allgemein an des Partners Gegenwart, wie sie von allen Sinnen wahrgenommen wird. Der Anblick des Nackens, der Duft der Haare oder die Berührung des kleinen Fingers können beim Liebenden schon Wonneschauer auslösen, die die große Freude des Zueinander-gehörens ausdrücken. So wie in der Liebe überhaupt das Ich am Du wird, so wird im Eros Ich-Mann an Dir-Frau und umgekehrt.

Die Herabwürdigung oder Verdächtigung des Leibes und des Eros hat verheerende Folgen gehabt: Was »natürlich und geheimnisvoll« ist, wurde für viele Menschen »verboten, aber technisch machbar«. Das bedeutet praktisch: Man ist überzeugt, daß die Geschlechtlichkeit »böse« ist, zumindest »unsittlich« und »schockierend«; da sie aber für die Ehe gefordert wird, begeht man den Akt rasch-rasch, zugleich lüstern und mit schlechtem Gewissen. So galt im Mittelalter der Geschlechtsakt, der der Zeugung diente, als lässliche Sünde; war er von Lustgefühlen begleitet, wurde er zur Todsünde. Weil diese Partner dann von ihrem Erleben nicht erfüllt sein können, suchen sie nach »technischen Vervollkommnungen«; ihre Phantasie arbeitet weiter und greift gierig nach »pikanten« Bildern und Filmen.

Man hört heute viel über die »Sex-Welle«, namentlich in der Jugend, klagen und sagt bisweilen auch, die Leute seien »übererotisiert«. Gründliche Untersuchungen aus den letzten Jahren zeigen übereinstimmend, daß dieser Vorwurf gerade für die heutige Jugend nicht zutrifft (besonders lautstarke Ausnahmen bestätigen die Regel). Voreheliche Geschlechtsbeziehungen sind wohl viel häufiger, namentlich bei Mädchen, aber die Verantwortung für den Partner ist allgemein stärker; rascher Wechsel oder Promiskuität sind weit seltener als in früheren Jahrzehnten. Aufschluß darüber geben insbesondere GIESE, HANS u. SCHMIDT, GUNTER, »Studenten-

Sexualität. Verhalten und Einstellung«. Matussek, Paul, »Verfällt die Moral?« in Kontexte Bd. 4, S. 103—109, Berlin 1967. Schofield, M. »The Sexual Behaviour of Young People«. London 1956. Sigusch, V. u. Schmidt, G. »Jugend und Ehe. Ergebnisse einer empirischen Untersuchung«, in: EHE H. 1, 1972, S. 26. In den Fällen, in denen Sex ohne Gefühl »konsumiert« wird, handelt es sich wohl um eine Unterentwicklung des Eros, die möglicherweise durch eine zu wenig zärtliche Erziehung, durch »Frustration« irgendwelcher Art oder, bei eng-moralischer Erziehung, durch plötzliche Ent-Tabuisierung der Sexualität entstanden sein mag. Das Heilmittel besteht keinesfalls in Repression und Moralisieren, sondern in einer Befreiung und Kultivierung des Eros.

Das Ziel ist, den Jugendlichen zu zeigen, daß die Sexualität ganz selbstverständlich in die Ganzheit des Lebens eingebettet ist und daß sie von vornherein einen Dialog, ein Gespräch, eine Beziehung zwischen Mann und Frau bedeutet. Dieser erotische Dialog stellt sich nicht gleich von selbst ein, er ist eine Kunst, die gelernt und kultiviert werden will. Je reifer und differenzierter der Eros aber wird, desto intensiver die Lust und desto tiefer die Beglückung. (Mehr darüber bei Rössner, Lutz, »Kultivierung der Geschlechtsbeziehungen«.)

Wie schön, wie hold bist du, Geliebte, du Wonnevolle!
Wie du da stehst, gleichst du der Palme und deine Brüste
    den Trauben . . .
Deine Brüste sollen mir sein wie Trauben,
und der Atem deiner Nase wie Äpfel,
und dein Mund wie köstlicher Wein,
der meinem Gaumen sanft eingeht und Lippen und Zähne
    mir netzt.
Ich bin meines Geliebten, und er hat Verlangen nach mir.
Komm, mein Geliebter, hinaus auf die Flur,
laß unter Cyperblüten uns nächtigen . . .
Dort will ich dir meine Liebe schenken.

Es duften die Liebesäpfel, vor unsern Türen sind köstliche
   Früchte,
frische zusammen mit jährigen; die habe ich, mein Geliebter,
   dir aufgespart...
Lege mich wie ein Siegel an dein Herz, wie einen Ring an
   deinen Arm.
Denn stark wie der Tod ist die Liebe,
Leidenschaft hart wie die Unterwelt;
ihre Gluten sind Feuersgluten,
ihre Flammen wie Flammen des Herrn.
Große Wasser können die Liebe nicht löschen,
Ströme sie nicht überfluten.
Gäbe einer auch all sein Gut um die Liebe,
würde man ihn verachten?

So heißt es im »schönsten der Lieder Salomos« (Hld 7. 8).

Die eheliche Beziehung

Indessen, weder die Sexualität allein, noch der Eros allein, noch die Liebe allein begründen die Ehe. Ja auch ihre Summe: Sexualität + Eros + Liebe macht noch keine Ehe aus, sowenig wie Knochen, Muskeln und innere Organe einen lebendigen Menschen ausmachen. Die Ehe ist ein lebendiges Ganzes, das sich allmählich entwickelt und ausreift, nach eigenem Rhythmus und eigenem Plan. Es ist eines der Ziele dieses Buches, darzustellen, was die Ehe eigentlich ist und welche Eigenarten sie vor anderen Formen menschlicher Gemeinschaft auszeichnen.

Heute wird die Ehe von verschiedenen Seiten angegriffen. Man sagt, das Ideal lebenslanger Treue und Liebe entspreche nicht mehr der gelebten Wirklichkeit; die Ehe sei ein Instrument zur Erziehung autoritätsabhängigen Verhaltens (also wieder einmal im Dienste des »Establishment«); die Ehe verstoße gegen die Natur von Mann und Frau, denn kein Mensch sei natürlich monogam; durch das starre Gesetz der Ehe werde die spontane Liebe abgeschwächt und der Eros unterdrückt; überhaupt seien außereheliche Beziehungen von Mann und Frau für die Ehe bereichernd und positiv zu bewerten. Und so weiter. Eine vielseitige Darstellung dieses Problems gibt das von Reinhold Ruthe herausgegebene Buch »Ist die Ehe überholt?«

Sachlich kann man dieser Kritik zweierlei entgegenhalten: 1. Die Ehe ist so alt wie die Menschheit, ja schon bei manchen Tierarten finden sich Verbindungen, die man mit der menschlichen Ehe vergleichen kann. Von einem ordnungslosen Verkehr zwischen den Geschlechtern (Promiskuität) fehlt auch in der Urgeschichte jede Spur. Wohl haben sich die Formen der Ehe im Lauf der Jahrtausende verändert, aber die Entwicklung zeigt einen immer deutlicheren Trend zur

Monogamie. 2. Die Statistik zeigt, daß heute in der BRD von 100 jungen Leuten im heiratsfähigen Alter 96 eine Ehe eingehen. Nur 4 % der deutschen Männer und 2 % der Frauen halten nach einer Umfrage die Ehe für überholt. Man kann sagen, daß die Ehe in der Geschichte noch nie so eindeutig bejaht wurde (Ruthe).

Dazu kommt noch etwas: Man kann einem Blindgeborenen wohl alle Gesetze der Optik beibringen, aber man kann ihm nicht erklären, was die Lichtempfindung bedeutet und wie der Sehende die Farben erlebt. Man kann einem bis dahin stets gesunden Kind nicht erklären, was man bei einer Gallenkolik oder einem Herzanfall verspürt, ebensowenig wie man ihm den sexuellen Orgasmus einfühlbar machen kann. Kaum besser kann man dem Unverheirateten oder von Anfang an schlecht Verheirateten begreiflich machen, was die Ehe eigentlich ist. Man kann sie nur in Gleichnissen ausdrücken, die immer wieder zu Mißverständnissen verleiten. Auch der sexuell sehr Erfahrene und der aufrichtig und tief Liebende kennt das besondere Wesen der Ehe, wie es die Ehegatten erleben, nicht. Das sollte ihn zur Vorsicht in seinen Urteilen mahnen.

Die Ehe sei ein lebendiges Ganzes, sagte ich einleitend. Und früher schon, dieses Ganze sei annähernd mit dem Begriff »Person« zu veranschaulichen. Wenden wir ihn gleich an: Wesentlich an einer Person ist nicht in erster Linie, daß sie schön, fehlerlos oder völlig gesund ist, sondern daß sie überhaupt lebt. So ist auch das Wesentliche an einer Ehe nicht, daß sie erotisch »vollkommen« ist, daß in ihr nie gestritten wird und daß sie keine schweren Krisen durchmacht; wesentlich ist vielmehr, daß sie eine wirkliche Ehe ist.

Wir wollen nun versuchen, einige Aspekte der Ehe auseinanderzulegen; zuletzt werden wir erkennen, daß die Ehe ein großes Geheimnis ist und Geheimnis bleibt, und daß gerade darin sich ihre Wunderkraft äußert.

Geborgenheit und Treue

Geborgenheit ist das Gewebe der Ehe

Wo immer von Ehe die Rede ist, spielen die Begriffe Treue und Untreue eine überragende Rolle. Dabei wird die Treue im allgemeinen verstanden als »Enthaltung von Untreue«, während die Untreue ihrerseits auf das Sexuelle eingeschränkt wird im Sinne von körperlichen Beziehungen mit einem Dritten. Das bedeutet eine starke Verengung dieser Begriffe und zudem ihre Ausrichtung auf einen negativen Wert. So etwa, als wollte man die Wahrheit definieren als »Enthaltung von Lüge«. Deshalb wollen wir diese Begriffe nach dem positiven Wert ausrichten, der durch die Treue gefördert, durch Untreue aber gefährdet wird. Dieser Wert ist die *Geborgenheit*.

Geborgenheit ist der feste Grund, auf dem die Ehe steht, das Stützgewebe, auf dem ihre lebendige Struktur entsteht. Die ganze innere und äußere Entwicklung der Ehe, ihre Reifung und Vertiefung, ihre Hoffnung und stete Neuwerdung sind nur möglich, weil Mann und Frau vom Gefühl der Geborgenheit getragen sind. Meine Geborgenheit besteht konkret darin, daß ich glaube, mein Ehepartner meint es gut mit mir. Er sucht nicht seinen persönlichen Vorteil, noch weniger will er mich übervorteilen, sondern er sucht, was für uns beide gut ist. Er will mich beschützen vor allem, was mir schaden könnte, auch wenn es von meinen nächsten Verwandten (oder den seinen) kommen sollte, ja sogar wenn ich es selbst begehre. Mein Partner beschützt mich auch vor sich und vor mir selbst. Er schafft den gesicherten Raum, in dem ich ich-selbst werden kann, so »wie Gott mich gemeint hat«. Um diese Geborgenheit zu wahren, müssen vielleicht einige bürgerliche Sicherheiten geopfert werden, finanzielle Vorteile etwa, eine berufliche Verbesserung, gesellschaftliches Ansehen; meinem Partner und mir geht es indessen um die Geborgenheit, in der wir frei werden — frei, um unsere persönlichste Bestimmung zu erfüllen.

Geborgenheit gibt *einer dem andern*. Der Einzelne mag stark, mächtig und selbstsicher sein, geborgen ist man nur bei einem andern. »Bergen« heißt ursprünglich: in Sicherheit bringen, »Burg« ist dementsprechend der gesicherte Ort. Es ist ein Zeichen der guten Ehe, daß sich ein Ehepartner beim andern geborgen fühlt und daß beide dadurch imstande sind, auch ihren Kindern Geborgenheit zu geben. Wie weit diese Geborgenheit von der bürgerlichen materiellen Sicherheit entfernt ist, zeigen folgende Beispiele: in großer Gefahr fühlt sich die Frau geborgen, wenn der Mann sich vor sie stellt; der Mann fühlt sich geborgen, wenn er, schwer krank, die Hand seiner Frau in der seinen spürt; das Kind im Bombenkeller war völlig geborgen, wenn es in den Armen der Mutter lag.

Es ist also eine der ersten Aufgaben jedes Ehegatten, seinem Partner Geborgenheit zu schenken.

Bedingungen der Geborgenheit

Um beim Partner Geborgenheit zu bewirken, sind verschiedene Elemente wichtig:

Liebe. Wir fühlen uns nur bei einem Menschen geborgen, der uns liebt. Andererseits zeigt uns die Liebe konkret, was der Partner braucht, um geborgen zu sein. Es kann sich um irgendeine materielle Kleinigkeit handeln, es kann um ein Wort, eine Geste, eine bestimmte Haltung gehen, vielleicht müssen wir auf ein bestimmtes Problem eingehen, das ihn gerade bedrückt. Liebe steht in jeder Weise und jederzeit unbedingt zum Partner.

Phantasie. Liebe allein ist manchmal hilflos. Sie möchte so gern, weiß aber nicht wie. Da muß sie unsere Phantasie anregen, das Richtige zu finden; denn die Phantasie kann sich in den Andern einfühlen und eine Möglichkeit entdecken, wo man keine sah. Die rechte Geborgenheit zu schenken, ist eine Kunst, und Kunst braucht immer Phantasie, Erfindungs- und Vorstellungsgabe.

Humor gehört auch zur Geborgenheit: gütiger Humor, wenn etwas schief geraten ist, ein befreiendes Lachen, wenn man gerade aufeinander böse werden wollte, allenfalls auch grimmiger Humor in verfahrenen Situationen. Solange der Partner lächelt, fühlt man sich geborgen, lächeln beide, ist alles gut. Wenn's wirklich ernst wird, ist es weit schwerer, den Humor zu bewahren, als große Worte zu sprechen.

Zeithaben für den Andern ist eine der wichtigsten Bedingungen der Geborgenheit. Unbegrenzt Zeit haben, auch und gerade dann, wenn man »eigentlich Wichtiges zu tun hätte«. Der Partner kommt vor dem Sport und vor dem Hobby, vor der Buchführung und vor dem Reinemachen.

Treue. Sie bewirkt, daß wir unserm Partner unbedingt, in jeder Situation und jederzeit vertrauen können. Liebe, Phantasie, Humor sind Gaben, die man bald mehr, bald weniger besitzt. Die Treue jedoch ist weitgehend vom Willen abhängig: vom einmal gefaßten Entschluß und von der Entschiedenheit, mit der man an ihm festhält.

Lebendige Treue, die man auch *Beständigkeit* nennen kann, fußt auf der Erkenntnis, daß die Liebe durch die Dauer nicht abgeschwächt, sondern im Gegenteil ständig vertieft und verstärkt wird. In schroffem Gegensatz zu dem, was Unwissende so oft behaupten.

Positive Treue

Leider definiert man die Treue meist nur negativ, als Enthaltung von etwas: Treu ist der Ehegatte, der sich mit keinem Dritten sexuell einläßt; feiner gesagt: der keinem Dritten mit begehrlichen Blicken anschaut; noch strenger: der einem Dritten gegenüber keine Gedanken oder Gefühle hegt, die er seinem Ehegatten nicht sagen könnte. Es ist indessen durchaus möglich, alle diese Forderungen pedantisch zu erfüllen und seinem Ehegatten trotzdem keine Geborgenheit zu schenken; es gibt schauerlich treue Perfektionisten, Egoisten und Langweiler.

Positive Treue hingegen sucht aktiv, was für den Partner gut ist, und sie tut etwas für ihn. Die Treue des jungen Ehemannes kann beispielsweise darin bestehen, daß er für seine Frau eintritt, sie vor allen Angriffen verteidigt, auch wenn diese von seiner eigenen Mutter oder von seinem besten Freund ausgehen. Die Treue kann uns dazu bringen, einen Vorgesetzten oder eine Behörde um irgendetwas zugunsten unseres Partners zu bitten (was besonders Männer im allgemeinen ungern tun). Überhaupt veranlaßt uns die positive Treue, Initiativen zu ergreifen oder Pläne durchzuführen, die uns für das Wohl unseres Partners förderlich erscheinen. Auch in der Erfüllung eines seiner »geheimen Wünsche« kann die Treue sich ausdrücken.

Das wichtigste Element der Treue besteht im *Wachen über den Partner*. Dies bedeutet nicht nur die Abwehr äußerer oder innerer Gefahren, sondern aktive Hilfe für ihn, so zu werden, »wie Gott ihn gemeint hat«. Der Römische Katechismus definiert den Sinn der Ehe als »die gegenseitige innere Formung der Ehegatten und das beharrliche Bemühen, einander zur Vollendung zu führen«. Es genügt nicht, den Partner einfach zu verstehen und damit auch gleich seine Schwächen zu entschuldigen, sondern es kommt darauf an, sein eigentliches Wesen, seine persönliche Berufung zu erfassen und ihm zu helfen, diese zu erfüllen. Natürlich genügt es auch nicht, ihn auf seine Fehler und Fehltritte aufmerksam zu machen und zu ermahnen, es in Zukunft besser zu machen; vielmehr bedarf es eines liebenden und hintergründigen Realismus, der zugleich auch die positiven Kräfte bei ihm wahrnimmt und mit ihm zusammen den richtigen Weg sucht. Jede schulmeisterliche Haltung, jedes Besserwissen treibt ihn in die Opposition; er fühlt dann unsere ichhafte Einstellung, und dadurch versteift sich auch sein Ich. Es geht nicht darum, unsern Partner nach unserm Bild zu formen, auch nicht nach dem Bild, das wir uns ganz speziell für ihn ausgedacht haben, sondern darum, die Lebensbedingungen zu schaffen, die ihm am besten helfen, sein eigenes Ich *selber* zu verwirklichen.

Für den, der es versteht, gibt es hier eine ganz besonders hilfreiche Haltung: die *Fürbitte*. Sie besteht darin, daß ich aus mir selbst heraustrete und meinen Partner so zu sehen versuche, wie er vor Gott steht, mit seinen Ängsten und Schuldgefühlen, mit seiner Not und Bitterkeit, mit seiner Hoffnung und seinem guten Willen. Dann spreche ich ganz still mit ihm oder an seiner statt, was ich von Gott für ihn erbitte: Nicht daß er diesen oder jenen unangenehmen Fehler verliere, oder daß er endlich einsehe, wie verstockt er ist, und wie gut ich es doch mit ihm meine — sondern nur das: Gott möge selber mit ihm reden und ihm zeigen, was für ihn jetzt richtig ist. Zugleich bitte ich Gott, mir die richtige Haltung zu geben, das richtige Tun, das richtige Wort und das richtige Schweigen. Fürbitte heißt also, unsern Partner wirklich und rückhaltlos Gott anvertrauen und unsere vielen Wünsche, Sorgen und Ängste um ihn aufgeben. Nichts verbindet zwei Ehegatten so stark, auch in ganz schweren Situationen, wie das Wissen, daß unser Partner über uns wacht und mit Gott von uns redet.

Untreue

Besteht die Treue darin, daß ich meinem Partner Geborgenheit gebe, dann ist Untreue die Haltung, die dem Partner
die Geborgenheit nimmt oder überhaupt nicht gibt. Ich bin
untreu, wenn ich nicht zu meinem Partner stehe, wenn ich
ihn nicht verteidige und nicht aktiv für sein äußeres und
inneres Wohlergehen sorge. Ich bin untreu, wenn ich nicht
oder zuwenig über ihn wache, zuwenig von seiner inneren
Entwicklung, seinen Problemen und seiner Selbstwerdung
weiß. So bin ich dann untreu, wenn ich ihm gegenüber schwach
bin und zulasse, daß er von seinen eigenen Schwächen über-
wältigt wird; ich bin es aber auch dann, wenn ich mich rechthaberisch von ihm distanziere, ihn anpredige oder lieblos
schulmeistere.

Die Wurzel dieser Untreue liegt meist darin, daß mir etwas
anderes wichtiger ist als mein Partner: Ich bin vor allem mit
meiner eigenen Person beschäftigt; denn ich möchte recht da-
stehen, angesehen und beliebt sein, im Beruf vorwärts kommen und in meiner Arbeit Erfolg haben. Gewiß lobenswerte
Wünsche, — aber wenn sie mir wichtiger sind als das Wohl
meines Ehegatten, wenn er sich deshalb nicht mehr geborgen
fühlen kann, dann bedeuten sie schlicht und einfach Untreue.
Im Extremfall: Ich werde von allen geschätzt und gelobt,
während meine Frau, die unzufrieden zu Hause auf mich
wartet, als die Verständnislose angesehen wird, die mir im
Beruf nur Hemmschuh ist. Selbst wenn dieser Vorwurf tatsächlich berechtigt sein sollte, so ist es meinerseits dennoch
Untreue.

In einer solchen Situation findet sich dann immer auch eine
andere Frau, die uns »bewundert«, »versteht«, »unterstützt«
und gar noch »tröstet«. In diesem Fall handelt es sich nicht
um eine primär erotisch-sexuelle Untreue, sondern um die

Einfügung eines andern Menschen in unsere egoistische oder berufliche Untreue. Daß daraus mit der Zeit eine erotische Bindung wächst, ist eine Sekundärerscheinung. Freilich kann diese Bindung allmählich, namentlich für die Ehefrau, zum Hauptproblem werden, das die Ehe endgültig sprengt — die bekannte Situation mit der Sekretärin oder Mitarbeiterin.

Ganz allgemein läßt sich feststellen, daß es zur Untreue mit einem Dritten fast nur in einer von innen her gefährdeten Ehe kommt, während eine gesunde Ehe praktisch nie gebrochen wird. Anders ausgedrückt: Zuerst kommt die untreue Haltung aus Egoismus, Geltungsdrang usw., dann erst die Untreue mit einem Dritten. Wie weit diese dann führt, ob nur zu Gefühlen, zu Zärtlichkeiten oder zu vollen Geschlechtsbeziehungen, ist von untergeordneter Bedeutung. Wenn ich das so pointiert ausspreche, so tue ich es hauptsächlich dem »unschuldigen« Ehegatten gegenüber. Dem anderen muß jedoch mit aller Deutlichkeit folgendes gesagt werden: Je mehr der Leib, die Sinnesempfindungen an ihr beteiligt sind, desto schwerer ist eine Bindung zu lösen. Eine Tastempfindung, der Geschmack eines Kusses, der Geruch der Haare oder das Bild des Andern aus nächster Nähe sind weit schwerer zu verscheuchen als die wildesten Phantasien. Deshalb darf man nie sagen, wie es besonders »Tugendhafte« bisweilen tun: »Ist meine Ehe schon im Herzen gebrochen dann kommt es nicht mehr darauf an, ob sie auch noch körperlich gebrochen wird.« Hat jemand schon einen Streifschuß bekommen, so ist das kein Grund, ihn vollends zu töten.

Nach diesen allgemeinen Überlegungen wollen wir einige häufige Formen von Untreue betrachten. Die meisten Ehegatten bejahen natürlich die Treue grundsätzlich, aber bisweilen haben sie doch das Gefühl, in einer ganz besonderen und noch nie dagewesenen Situation zu stehen, in der das Versprechen der Treue nicht mehr verbindlich sei. Weil nun diese vermeintlich einzigartigen Situationen tagtäglich vorkommen, kann man gewisse typische Krisen unterscheiden.

Typische Situationen

»Brot und Kuchen«. Die meisten Menschen, zumal die Männer, tragen in ihrer Phantasie zwei entgegengesetzte Bilder vom »idealen Partner«, beispielsweise eine schlanke blonde und eine kleine brünette Frau. Die Erfahrung zeigt, daß der Typus, der den besten Ehegatten abgibt, gewöhnlich nicht der ist, der den intensivsten erotischen Reiz ausübt. Hat ein Mann seinen »richtigen« Typus geheiratet und er trifft später den anderen »maximal reizenden« Typus an, dann kommt er leicht auf den Gedanken, er habe sich getäuscht, sei am Glück vorbeigegangen und müsse nun aus dieser falschen Ehe ausbrechen. Man kann ihm nur mit einem Gleichnis antworten: Bietet man einem Kind zugleich ein Stück Brot und ein Stück süßen Kuchen an, dann wird es immer nach dem Kuchen greifen. Zwänge man jedoch dieses Kind, acht Tage lang nur Kuchen zu essen, würde es schon am zweiten Abend um Gnade schreien, während man gutes Brot neunzig Jahre lang essen kann, ohne daß es einem über wird. Der gute Ehegatte gleicht dem Brot, und wer ihn hat, danke dem Himmel dafür und lasse sich durch kein noch so süßes Mädchen irremachen.

Komplementäre Ergänzung. Menschen, die ihre Triebhaftigkeit verdrängen und in einer etwas übertriebenen und daher nicht ganz echten Geistigkeit leben, heiraten meistens einen entsprechenden Partner. Sie leben von ihrer gemeinsamen Frömmigkeit, ihren gemeinsamen künstlerischen, intellektuellen oder sozialen Interessen, und ihr erotisches Leben spielt eine untergeordnete Rolle. Nun kann es aber geschehen, daß Mann oder Frau einem ganz entgegengesetzten Menschen begegnen, vielleicht einem einfachen Naturkind oder bisweilen auch einem ausgesprochen sinnlich-primitiven Wesen, und daß ihnen dieser Partner plötzlich die ganze verdrängte und vernachlässigte Welt offenbart. So sieht man hochgeistige und feingebildete Männer einer unglaublich primitiven Frau verfallen und in sie alle weiblichen Tugenden der Mythologie hineinprojizieren. Das Ende ist immer eine Katastrophe, weil beide einander viel zu fremd sind. Eine psychologische Beratung kann oft die Verdrängung klarmachen und auflösen, auch den Ehegatten in diesem Sinne belehren und damit beiden zu einem neuen Anfang verhelfen, indem sie sich gegenseitig die vernachlässigte Seite ihres Wesens offenbaren.

»Stark« und *»schwach«.* Es gibt Ehen, in denen der Mann .in irgendeiner Beziehung oder im allgemeinen schwächer ist als die Frau, und doch leben beide glücklich miteinander. Dieses nicht der »Norm« entsprechende Kräfteverhältnis braucht also durchaus nicht krankhaft oder schädlich zu sein. Es kann aber vorkommen, daß der Mann aus neurotischen Gründen immer wieder unentschlossen, zaghaft, ängstlich ist und dadurch der Frau auf die Nerven geht. Umgekehrt kann die Frau aus Überkompensation, aus männlichem Protest oder sonst einem krankhaften Grund rechthaberisch, schulmeisterlich, herrschsüchtig sein und damit den Mann belasten. In diesen Fällen kann es wohl vorkommen, daß sich der Mann nach der »schwächeren« Frau sehnt, die sich an ihn anlehnt und vertrauensvoll zu ihm aufschaut. Und die Frau sehnt sich nach dem »starken« Mann, der ihr wirklich überlegen ist und an den sie sich anlehnen kann. Wenn nun der eine oder der andere einem solchen Ideal begegnet, kann die Versuchung zur Untreue groß sein. Restlose Offenheit zwischen den Ehepartnern und die Besprechung mit einem Neutralen, der das Mißverhältnis aufdeckt und korrigieren hilft, kann eine dauernde Gesundung dieser Ehe herbeiführen. Das erfordert freilich von beiden Seiten eine gründliche innere Umwandlung und ein »Sterben« der bisherigen Gewohnheiten und des Bildes, das man sich von sich selbst gemacht hatte. Das aber ist eines der Wunder der Ehe.

Erotischer Bann. Viel seltener als man glaubt ist die Untreue bedingt durch eine »unwiderstehliche«, »einmalige« erotische

Harmonie mit dem Dritten. Männer von frigiden Frauen und noch viel mehr Frauen, die, ohne an sich frigid zu sein, von ihren Ehemännern nicht befriedigt werden können, sind einer sehr starken Versuchung ausgesetzt, wenn sie einem andern Partner begegnen, der ihnen das lang Entbehrte zu geben imstande ist. Sie haben dann die Neigung, alle vorteilhaften Eigenschaften in diesen erotischen Partner zu projizieren und dementsprechend dem Ehegatten auch das zu nehmen, was er an positiven Eigenschaften tatsächlich hat. Von da aus geraten sie in eine maßlose Überbewertung der Erotik, was sie völlig aus ihrem natürlichen Lebenszusammenhang herausreißt. Bleibt die Ehe daneben trotzdem bestehen, wird sie als »Pflicht« und »Gefängnis« empfunden, weil die eheliche Erotik unterbewertet oder ganz aufgehoben ist; wird die Ehe dagegen geschieden und man heiratet sein erotisches Ideal, dann tritt in kurzer Zeit die Katastrophe ein. Der Märchenprinz ist bald entzaubert, wenn man ihn um das Haushaltsgeld bitten muß und er die Suppe versalzen findet oder über das schlecht gebügelte Hemd nörgelt. Und die feurige Geliebte erweist sich meistens als »dumme Gans« oder als »hysterisches Frauenzimmer«, wenn man mit ihr die Wohnung einrichten, das Geld einteilen oder auch nur vierzehn Tage Ferien verbringen muß. Damit will ich die Macht der Leidenschaft und die durch sie hervorgerufenen Qualen nicht unterschätzen, aber davor warnen, sie aus dem Ganzen der Liebe und der Ehe zu isolieren, so daß man unter ihren Bann gerät. Dann ist es kaum mehr möglich, das wohl viel bescheidenere, aber doch vorhandene erotische Glück in der Ehe zu genießen oder auch nur zu sehen. Eine einzige Untreue, ein einziger »kleiner Seitensprung« genügt oft, um die Perspektive völlig zu stören und es für immer unmöglich zu machen, das noch Unvollkommene in der Ehe vollkommener zu gestalten. Das wird im folgenden weiter ausgeführt und klarer werden.

Langeweile und Abwechslungsbedürfnis. Die verheerendste und leider auch am weitesten verbreitete Ehekrankheit ist zweifellos die Langeweile. Meistens ist sie keineswegs

»Schicksal«, »Charaktereigenschaft«, sondern die Folge einiger Fehler, ja Sünden, die sich mit etwas Geschick und gutem Willen vermeiden lassen. Wir wollen einige aufzählen:

▶ Mangelnde Phantasie und Freiheit der Lebensgestaltung, so daß man zum Automaten wird. Der Mann geht jeden Tag 7 Uhr 30 aus dem Haus, kommt 12.15 zurück, steckt sich 12.45 seine Zigarre an und eilt 13.30 wieder ins Geschäft. 17.45 klopft er im »Löwen« seinen Skat, 19.00 ist Nachtessen, 19.30 Radionachrichten, jeden Dienstag, Donnerstag und Freitag Vereinssitzung, an den andern Abenden Zeitungslektüre oder Fernsehen, 21.45 zu Bett, 22.15 Lichterlöschen. Die Frau hat einen Wochenspeisezettel, so daß man sicher sein kann, am Mittwochmittag Sauerbraten und Klöße zu bekommen und am Samstagabend Bockwurst, Brötchen und Bier. Sie läuft Tag für Tag in den gleichen Kleidern herum und zieht sich nur für den Stadtbummel fein an; ihr schönstes Kleid hängt im Schrank für »besondere Gelegenheiten« und wirkt dann reichlich altmodisch. Es ist stillschweigend abgemacht, daß die sexuellen Beziehungen am Mittwoch und Samstag stattfinden, aber sie beanspruchen nicht viel Zeit.

▶ Mangelnde persönliche Entwicklung, so daß man in die Konvention flüchtet. Das Paar ist sehr darauf bedacht, so zu leben, wie »man« in seinen Kreisen lebt, und meidet streng, was »man« nicht tut. Die Frau gibt sich gebildet und trägt ihrem Mann Theorien vor über gesunde Ernährung, Yoga, klassische Musik und die Relativitätstheorie; der Mann äußert einige unpersönliche Ansichten über die Dekadenz der modernen Malerei und die Verrohung der heutigen Jugend.

▶ Mangelnde gegenseitige Offenheit, wobei entweder bewußte Unwahrheiten und Verheimlichungen eine Befangenheit hervorrufen, die jede lebendige Unterredung unmöglich macht, oder Schuld- und Minderwertigkeitsgefühle die Spontaneität unterbinden, so daß man in Gemeinplätzen steckenbleibt. Reife, Vertrauen und Liebe sind nötig, um mit dem Partner ganz ehrlich sprechen zu können, sowohl über sich selbst wie über Fehler, die man an ihm sieht. Es braucht Mut, um man-selber zu sein und sich nicht mit fremden Federn zu schmücken. Fremde Federn wirken auf die Dauer immer langweilig.

▶ Mangelndes Feingefühl, wann man dem andern etwas sagen und wann man es ihm nicht sagen soll: Wer immer zur Unzeit eine allgemeine philosophische Bemerkung oder eine kleine Moralpredigt anbringt, wirkt erregend langweilig, ebenso wer immer wieder dieselben Witze erzählt.

▶ Selbstgefälligkeit, Selbstmitleid, Selbstgerechtigkeit, Selbstbezogenheit machen einen Menschen langweilig. Also auch alles Klagen, Nörgeln, Seufzen, Moralisieren, Kritisieren, Besserwissen. Humor ist eines der kräftigsten Gegengifte gegen Langeweile, überhaupt eine der wichtigsten Tugenden in der Ehe, vorausgesetzt, daß er sich nicht im Nekken des Andern erschöpft. Wer gar keinen Humor hat, sollte nicht heiraten. Ein reizendes Ehebuch ist MANFRED HAUSMANNS »Isabel«, ein anderes BRUNO STARK, »Das Los ist mir gefallen aufs Liebliche«.

▶ Vor allem aber kommt die Langeweile aus einem Mangel an Liebe. Liebe ist die lebendige Substanz der Zeit; so ist Zeit ohne Liebe ein leeres Gehäuse, das man mit irgendeinem Stroh ausfüllen muß: Klatsch, Kreuzworträtseln, Süchten aller Art, Arbeitswut und vor allem erotischen Abenteuern. Man muß die Zeit »totschlagen«, die nicht Liebe ist. So ist denn Langeweile nicht in der Liebe, sondern die vollkommene Liebe treibt die Langeweile aus.

Unpersönliche Geschlechtlichkeit. Der moderne Mensch ist bestrebt, alles in Urbestandteile zu zerlegen, die er dann für die eigentliche Wirklichkeit hält. Er isoliert den chemisch reinen Riechstoff einer Blüte, er sucht die Konstitutionsformel der Hormone und Vitamine, und er zerlegt auch das Atom, das von der Unteilbarkeit seinen Namen hatte. In der gleichen Weise hat er von der Liebesgemeinschaft das Sexuelle isoliert und es in Fruchtbarkeit und Lust zerlegt. Und wie man Veilchenduft in Flaschen abziehen kann, der nie in einer

Pflanze reifte, so kann der Mensch sexuelle Lust empfinden, die nichts von Liebe weiß.

Der dadurch erzielte »Fortschritt« ist problematisch. Isolierte Lust schafft zwischen zwei Menschen eine Bindung, eine Abhängigkeit, die von keiner Liebe getragen ist und deshalb zu Schmerz und Feindschaft führen muß: Don Juan haßt die Frauen, und die Dirne verachtet die Männer.

In der ehelichen Beziehung wird die Gesamtharmonie durch die Isolierung der Lust zerstört. Zudem wird dadurch ein Maßstab aufgestellt, der es nahelegt, den Ehepartner mit anderen zu vergleichen und damit auch zu verraten: Diese Frau hat vollere Brüste, jene schönere Beine als die meine; dieser Mann hat ein gewinnenderes Lächeln, jener ein sichereres Auftreten als der meine. Wenn Lustgewinn mein einziges Ziel ist, werde ich meine Frau in der gleichen Weise begehren wie eine andere, und ich werde eine andere mehr begehren, die mir mehr Lust verspricht als meine Frau. Erst wenn ich meine Frau wirklich liebe, als Person liebe, *ehelich* liebe, gewinne ich anderen Frauen gegenüber die richtige Einstellung.

Nun besteht ein guter Teil unserer sogenannten Zivilisation darin, dem Manne solche unpersönliche sexuelle Lust zu verschaffen. Bücher, Illustrierte und Filme stellen ihm begehrenswerte Frauen in beliebiger Menge zur Verfügung; sexuelle Exhibition winkt ihm von jeder Plakatwand; für Geld kann er einen Frauenkörper für kürzere oder längere Zeit mieten.

FRITZ LEIST redet von der Sucht nach Nacktheit, die dem Mangel an echter Liebe und Zärtlichkeit entspricht: »Liebe ist die Weise, wie zwei Menschen sich ent-hüllen. Und aus diesem Enthüllen wagen sie, sich einander zu übereignen, einander zu sehen und zu erkennen als den geliebten Mann und als die geliebte Frau ... Aber das heißt: Nacktheit enthüllt das Geheimnis in seiner Undurchdringlichkeit. Im hüllenlosen Du schauen wir das unbegreifliche Geheimnis des geliebten Menschen ... Wer gegen diesen Auftrag der Begegnung und gegen das Gesetz der Nacktheit verstößt, verfehlt das, was er, ohne es zu wissen, in seinem Verlangen suchen muß. Er sucht das Geheimnis; doch das suchen die Blicke, die nach Nacktheit gieren, vergeblich und werden nur noch ungesättigter und gieriger. Nacktheit, in der sich Geheimnis enthüllt, geschieht allein im Raum der Liebe, sie ist keine Technik, die geübt werden könnte.« (Liebe und Geschlecht, S. 180 f.)

Hat es einen Sinn, gegen den Strom zu schwimmen und gegen diese Hochflut von unpersönlichem Sex anzukämpfen? Wir müssen uns klarmachen, daß jede Verbotstafel die Begehrlichkeit reizt, und daß das Etikett »gewagt«, »viel umstritten«, »von der Zensur lange nicht zugelassen« für einen Film oder einen Roman die beste Reklame bedeutet. Es geht darum, hinter dieser Lustsucht den Sinn der Lust und den Unsinn der Sucht zu erkennen.

Wenn die sexuelle Lust heute so stark isoliert und hervorgehoben wird, so wohl deshalb, weil sie in der Ehe lange vernachlässigt und in der sogenannten »christlichen« Moral als minderwertig hingestellt wurde. Haben wir deshalb lustvolle Ehen! Zumal die alltägliche Erfahrung bereits zur Genüge zeigt, daß Lust außerhalb der Ehe von kurzer Dauer ist und einen bitteren Geschmack hinterläßt. »Die Liebe ist sehr viel mehr als die Liebe«, sagt JACQUES CHARDONNE in seinem Buch »L'amour c'est beaucoup plus que l'amour«. Sie weist ständig über sich selbst hinaus und ist nur glücklich, wenn sie in einem größeren Zusammenhang aufgehoben ist. Das Problem besteht nicht darin, den unpersönlichen, isolierten wildgewachsenen Sex zu bekämpfen, sondern darin, der Ehe ihre ganze Fülle, ihre ganze Lust und ihren ganzen Segen wieder — oder vielleicht erstmals — zu geben.

Echte Liebe außerhalb der Ehe. Es kommt vor, aber sehr viel seltener, als man glaubt, daß die Liebe zu einem Dritten zur Offenbarung der echten großen Liebe wird, und daß erst von ihr her die Ehe als ein Fehlschritt, als die Konsequenz egoistischer oder nur-erotischer Motive erkannt wird. Das sind die echten Tragödien von der Art des Tristanromans oder von ROUSSEAUS »Nouvelle Héloïse«. Je echter diese

Liebe ist, desto seltener wird sie zum körperlichen Ehebruch führen; vielmehr wird Tristan sein Schwert zwischen sich und Isolde legen. In seltenen Fällen führt die Scheidung zu einer neuen und guten Ehe, die aber damit noch nicht ohne weiteres gerechtfertigt ist. Viel häufiger bringt die Scheidung die Erkenntnis, daß diese Liebe nicht so außerordentlich war, wie man glaubte, und daß die Ursache für die vermeintliche Spießbürgerlichkeit der ersten Ehe in einem selber steckt. Wenn also Mann oder Frau in der Ehe versucht werden, dann sollen sie sich nicht gleich für Tristan oder Isolde halten, sondern ihre Versuchung als Lieblosigkeit und Unreife mutig bekämpfen. Und sollte wirklich einmal die »Liebe außerhalb« die große und heilige Liebe sein, dann bliebe die Ehe trotzdem die Ehe, und jene Liebe ließe die Liebenden durch das Feuer des Leidens geläutert werden. Hätten Tristan und Isolde der Versuchung einfach nachgegeben, hätte sie sich von König Marke kurzerhand scheiden lassen, würde kein Mensch mehr von ihnen reden; sie wären mit allen kleinen und großen Ehebrechern in Vergessenheit geraten.

Die Treue halten bedeutet einen oft heroischen Kampf. Einen Kampf nicht nur gegen die äußere Versuchung, nicht nur gegen die eigene Unreife und die des Partners, sondern vor allem für eine vollkommenere Ehe, für ein reicheres Leben, für den wirksamen und sichtbaren Segen Gottes. Der versuchte Ehegatte ringt leibhaftig mit Gott und spricht: »Ich lasse dich nicht, du segnest mich denn.«

Die Treue halten bedeutet erst recht einen Kampf, wenn sie der andere Ehegatte gebrochen hat. Man muß sich dann daran erinnern, daß am Ehebruch fast immer beide Schuld tragen, und er, der vor dem Gesetz »unschuldig« ist, soll dem Andern den ersten Schritt entgegengehen, indem er ihm *seine* Schuld bekennt und ihn dafür um Verzeihung bittet. Nach diesem Schritt fällt es dem Untreuen leichter, seine Schuld zu bekennen und zu bereuen. Nun bedeutet Treue den Wiederaufbau der Ehe mit neuer Liebe und neuem Mut, und sie bedeutet gemeinsames Gebet, wie noch nie im Leben.

Partnerschaft und Freiheit. Echte Partnerschaft — wir werden es noch weiter ausführen — bedeutet bedingungslose Annahme des Partners und damit auch gegenseitige Freiheit. Gilt aber diese Freiheit auch im Hinblick auf eine erotische oder gar sexuelle Beziehung zu einem Dritten? Das ist die schwere Frage, die neuerdings aufgeworfen wird, z. B. von GYULA BARCZAY (Die Kosten konsequenter Partnerschaft).

Gewiß kann eine solche Beziehung auch auf die Ehe bereichernd und belebend wirken, gewiß kann sie von beiden Ehegatten gemeinschaftlich, partnerschaftlich erlebt werden, und gewiß kann das eheliche Band dadurch vertieft und verstärkt werden. Und dennoch — BARCZAY sagt selber, daß dann vermehrte Ehekonflikte entstehen und die Ehe auseinanderfallen kann. Wiegt die mögliche Bereicherung diese Gefährdung des Paares auf? Aus meiner langen Erfahrung muß ich sagen: Nein. Gewiß gibt es Hunderte und Tausende von Ehen, die durch eine außereheliche Beziehung gefördert worden sind, so wie unzählige Menschen durch eine lebensgefährliche Krankheit gestärkt oder bereichert wurden. Werden wir aber eine solche lebensgefährliche Krankheit wegen dieses möglichen Erfolges absichtlich und zielbewußt herbeiführen? Sicher nicht. Ebensowenig kann ich dieses Risiko in der Ehe zu empfehlen verantworten. Es geht schließlich nicht nur um die Ehepartner, sondern auch um die Kinder. Um so mehr wollen wir uns aber bemühen, auf das Positive der außerehelichen Beziehungen hinzuweisen, wenn sie schon einmal de facto geschehen ist. Ich predige nicht »Moral«, sondern habe einfach Achtung vor dem Leben, auch dem Leben der Ehe.

Die Liebe ist für die Ehe, was der Saft für den Baum: Er ist es, der Blätter, Blüten und Früchte wachsen läßt. Die Treue hingegen entspricht dem Holz. Im Winter hat sich der Saft zurückgezogen, der Baum scheint tot, aber das dürre Holz hält die Saftkanäle offen, so daß dieser im Frühjahr wieder hinaufschießen kann. So ermöglicht die Treue die Erneuerung der Liebe.

Geschlechtsgemeinschaft

Die Geschlechtsgemeinschaft bedeutet für die Ehe nicht die Hauptsache, sie ist aber wichtig genug, um von Mann *und* Frau richtig durchdacht zu werden. Nun wird gerade dieser Aspekt der Ehe selten in der richtigen Perspektive dargestellt: Entweder wird fast nur von diesem gesprochen und Wohl und Wehe der Ehe ganz von ihm abhängig gemacht, oder aber die Geschlechtsbeziehungen werden, gleichsam als ein »notwendiges Übel«, nur verschämt und am Rande besprochen, als ob der Tugendhafte sie nur mit Zurückhaltung genießen sollte. Da auch die Sexualerziehung oft recht mangelhaft ist, herrschen eine ganze Reihe von Vorurteilen und Mißverständnissen. Wir wollen uns deshalb mit diesen Fragen ausführlicher befassen.

Für die Christen möchte ich vorab ausdrücklich, in Anlehnung an das im ersten Kapitel Gesagte, erklären: Die Geschlechtlichkeit von Mann und Frau ist von Anfang der Schöpfung an von Gott gewollt. Nicht nur um Kinder zu zeugen, sondern weil Mann und Frau erst miteinander Gottes Bild darstellen (Gen 1, 27), weil es »nicht gut ist, daß der Mensch allein sei« (Gen 2, 18), und weil Mann und Frau »einander anhangen und ein Fleisch werden sollen« (Gen 2, 24). Mit der Geschlechtlichkeit ist auch die erotische Lust von Gott gewollt, wie es aus dem »Hohen Lied« und zahlreichen anderen Stellen hervorgeht.

Liebeskunst

Je mehr das erotische Erlebnis vom Nur-Sexuellen gelöst und zu einem Erlebnis der Ganzperson gestaltet wird, desto weniger können wir uns dabei auf unseren »natürlichen Instinkt« verlassen. Wollen wir uns doch gerade über diesen Instinkt hinausentwickeln, der ja nur die eingeschliffene Bahn längst vergangener Zeiten bedeutet. Das spezifisch menschliche erotische Erlebnis ist Freiheit, Fähigkeit zu Neuschöpfung; es unterscheidet sich in ähnlicher Weise vom tierischen Begattungsakt, wie sich eine Architektur von einem Vogelnest oder einem Maulwurfsbau unterscheidet: auch die erotische Gemeinschaft ist ein Kunstwerk.

Jede Kunst will gelernt sein. Der Vogel kann sich beim Nestbau von seinem Instinkt leiten lassen, der Architekt kann es nicht. Auch nicht der Mann, der seine Ehe zu einem Kunstwerk machen will. Man mag es geschmacklos finden, darüber zu reden; dennoch bleiben die meisten Männer, die glauben, sich auf ihre »Natur« verlassen zu können, Stümper, und ihre Frauen merken bald, daß diese vielgerühmte Natur — wie alles Instinkthafte — eben tierisch ist.

Die Liebeskunst hat zwei Voraussetzungen:

▶ eine elementare Kenntnis von Bau und Funktion des Geschlechtsapparates,

▶ das Wissen, daß die Ehe viel mehr ist als eine bloß geschlechtliche Angelegenheit.

Diese Kenntnisse müssen *vor* den ersten geschlechtlichen Annäherungen erworben werden, spätestens während der Verlobungszeit. Ich werde in den nächsten Abschnitten das Allernotwendigste darüber zusammenfassen. Wer das Bedürfnis hat, noch mehr zu erfahren, dem sei das Buch von DAVIS »Die sexuelle Liebe in der Ehe« oder das größere von v. GAGERN »Eheliche Partnerschaft« empfohlen. Man tut gut, etwas zu lesen, aber nichts ersetzt die persönliche Fühlungnahme mit dem andern Geschlecht, wie sie kameradschaftlich im Geschwisterkreis, in der Schule oder in gemischten Jugendgruppen erfolgt.

Wichtig ist vor allem zu wissen, daß die Liebeskunst sich nicht in »Technik« erschöpft, und daß es keine sexuelle Beglückung gibt ohne Eros und keine erotische Harmonie ohne Liebe. Seine eigene Triebbefriedigung zu suchen, ist keine Kunst, wohl aber das, dafür zu sorgen, daß beide Partner das größtmögliche Glück *miteinander* erleben und dadurch einander im Innersten nahekommen. Kunst heißt nicht nur Erfüllung der Natur, sondern darüber hinaus Schaffung von etwas Neuem, Persönlichem, Noch-nie-Dagewesenem.

Praktisch bedeutet das für den Mann: Verlange von deiner Frau keine Zärtlichkeit, wenn sie seelisch nicht in der Stimmung ist, daran Freude zu haben; wünsche keine geschlechtliche Vereinigung, solange man voraussehen kann, daß sie für deine Frau eine Enttäuschung sein wird; schreite nicht zum Akt selbst, bis deine Frau in der richtigen seelischen Verfassung ist (dafür mußt du schon lange vorher sorgen); führe dein Glied nicht ein, bevor das Vorspiel deine Frau genügend erregt hat; halte deine Ejakulation so lange wie möglich zurück, um bei dir und ihr die Lust aufs höchste zu steigern; schlafe nachher nicht gleich ein, sondern bleibe für das Nachspiel ganz bei deiner Frau.

So verstanden kann Liebeskunst in der Ehe auch völlige Enthaltung auf lange Zeit bedeuten, z. B. bei Abwesenheit oder Krankheit des Partners.

Seit VAN DE VELDES berühmtem Buch »Die vollkommene Ehe«, das zu seiner Zeit gut sein mochte, ist die Meinung weit verbreitet, Liebeskunst bestehe in der Kenntnis möglichst vieler Kunstgriffe und Variationen der erotischen Vereinigung, und man erblickt in der steten Abwechslung das sicherste Mittel, um die Ehe nicht langweilig werden zu lassen. Demgegenüber möchte ich sagen, daß gegen die Variationen und die verfeinerte »Technik« sicher nichts einzuwenden ist aber wehe, wenn man sich auf sie verläßt, um die Ehe lebendig zu erhalten! Um in einem Gleichnis zu sprechen: Es ist sicher gut, wenn eine Hausfrau für abwechslungsreiche Kost sorgt; aber es wäre grundverkehrt, den Ehemann nur damit halten zu wollen; denn gerade der zu Hause verwöhnte Mann wird bisweilen Lust bekommen, in einem kleinen Gasthaus einen besonderen Leckerbissen zu verzehren. Wenn sie jedoch für eine spannende, heitere, humor- und liebevolle Stimmung am Tische sorgt, kann sie ihrem Mann auch Pellkartoffel und Milchkaffee vorsetzen, und er wird doch nicht das Bedürfnis empfinden, anderswo zu speisen.

Liebeskunst besteht darin, das wichtige vom weniger wichtigen zu unterscheiden und jenem den ersten Platz einzuräumen. Das gilt von der Erotik wie vom Geld wie von der Hauswirtschaft, die nie der Liebe im Wege stehen dürfen.

Letzten Endes ist die Liebe weniger ein *Tun,* als ein *Sein,* weniger ein Reden, als ein Strahlen, weniger etwas, das vom einen Partner ausgeht, als ein »liebendes Miteinandersein«. Der größte Feind der Liebe ist die Begierde, die etwas für sich will und den andern dazu benützt, dieses Bedürfnis zu befriedigen.

Folgende Bücher behandeln ausführlicher die Themen »Geschlechtsgemeinschaft« und »Liebeskunst«: MAXINE DAVIS, »Die sexuelle Liebe in der Ehe«; JOSEF DUSS-v. WERDT und ANDRÉ HAUSER, »Das Buch von Liebe und Ehe«; FRIEDRICH v. GAGERN, »Eheliche Partnerschaft; KATJA HOLM, »Glücklich verheiratet — ein Leben lang«; J.-G. LEMAIRE, »Ehekonflikte«; MARIE N. ROBINSON, »Die erfüllte Frau«; KARL HORST WRAGE, »Mann und Frau«.

Leidenschaft und Zärtlichkeit

Das geschlechtliche Erleben von Mann und Frau ist so verschieden wie ihr ganzes Wesen: Der »durchschnittliche« Mann wird mehr von seinen körperlich-sexuellen Gefühlen gesteuert, die Frau mehr von den seelisch-erotischen. Diese Gegensätze sind selbstverständlich nicht absolut, aber wichtig genug, um einander einmal schematisch gegenübergestellt zu werden.

Der Mann verbringt den größten Teil des Tages in einer nüchternen Berufsatmosphäre und denkt dabei kaum an Liebe. Nach Hause zurückgekehrt braucht er geraume Zeit, bis er in eine erotische Atmosphäre eintauchen kann; denn diese entwickelt sich, wie alles Seelische, erst allmählich. Er kann jedoch schon durch einen geringfügigen Reiz sehr rasch sexuell geweckt werden und eine heftige Begierde verspüren, die er meistens mit der echten erotischen Stimmung verwechselt. Der Hauptunterschied besteht darin, daß der Eros eine Angelegenheit des Paares ist; er wirkt deshalb ansteckend und springt vom einen auf den andern Partner über. Die sexuelle Erregung hingegen ist ein biologischer Vorgang, der nur das Individuum ergreift. Wenn ihm der Eros nicht vorangeht und die Frau seelisch einstimmt, sind die Äußerungen des Sexus für die Partnerin eher abstoßend. Der Eros bezaubert, befreit und beglückt; der Sexus allein kann nur vergewaltigen. So entsteht die ebenso häufige wie traurige Situation, daß der Mann ein heftiges sexuelles Verlangen zeigt und seine Partnerin immer kälter und ablehnender wird.

Die Frau dagegen lebt — gleichgültig ob sie berufstätig ist oder im Hause arbeitet — weit eher als der Mann in einer leicht erotisch getönten Atmosphäre, die beim Auftreten des Partners manifest werden möchte. Die unwissende Frau stößt sich nun daran, daß der heimkehrende Mann zunächst noch von seinen beruflichen Sorgen beherrscht ist, wortkarg oder mürrisch am Tisch sitzt, nachher seine Zeitung liest und, wenn das Verlangen in ihm hochsteigt, plötzlich und ohne rechten Übergang eine geschlechtliche Begegnung wünscht. Unterdessen ist ihre erotische Stimmung verflogen, und sie kann sich nur lustlos fügen. Die kluge Frau dagegen weiß, daß der Mann Zeit braucht, um allmählich aufzutauen. Sie versteht es, ihn unmerklich von seinen Sorgen loszulösen, ihn seelisch aufzulockern und mit ihrem Eros anzustecken. Dann kann sich im Lauf des Abends ein richtiges *eheliches Gespräch* entwickeln, das nicht nur aus Worten, sondern noch viel mehr aus einer gegenseitigen Hinwendung zum Partner, Interesse für ihn, Eingehen auf ihn und Mitschwingen mit ihm besteht.

Was die Frau zunächst und vor allem braucht, ist Zärtlichkeit. Dieses Wort bedeutet für sie etwas durchaus Seelisches: den Stimmfall des Mannes, wenn er sie anspricht, den Blick, den er ihr zuwirft, das Wohlgefallen, mit dem er sie betrachtet, die ganze Haltung, mit der er sie umgibt. Und zwar nicht erst am Abend, sondern schon am Morgen, bevor er zur Arbeit geht. Die Zärtlichkeit, nach der sich die Frau sehnt, gleicht einem unsichtbaren Mantel, in den sie der Mann einhüllt und in dem sie sich geborgen fühlt. Zärtlichkeit ist überhaupt alles, was ihr das Gefühl gibt, bei ihrem Mann daheim zu sein.

Wenn der Mann von Zärtlichkeiten spricht (er gebraucht dieses Wort fast immer in der Mehrzahl), dann meint er körperliche Liebkosungen, die für ihn gewöhnlich auch das Vorspiel zu einer vollen Vereinigung bedeuten. Er hat deshalb, solange der Arbeitstag dauert, »keine Zeit für Zärtlichkeiten«, danach leiten sie aber gleich den Geschlechtsakt ein. Der Unterschied ist deutlich: Des Mannes Zärtlichkeiten werden zu bestimmten Zeiten »gemacht«, sie sind sexueller Art und hören deshalb nach dem Abflauen der Leidenschaft rasch auf. Die Zärtlichkeit der Frau füllt dagegen die ganze Zeit aus, sie ist erotischer Art und bildet die notwendige Voraussetzung für das Entstehen ihrer sexuellen Leidenschaft. Jede Liebesvereinigung muß also aus einer erotischen Atmosphäre hervorwachsen, wenn die Frau dabei innerlich beteiligt sein soll. Diese Stimmung muß schon lange vorher in der richtigen Weise vorbereitet sein; eine Kleinigkeit, ein grobes Wort oder eine zudringliche Geste des Mannes, eine Enttäuschung oder ein sonstiger Ärger können die erotische Stimmung der Frau jäh zerstören.

Der Mann hingegen kann auch ohne erotische Stimmung die Frau begehren. Ja, er »begehrt« sie deswegen, weil er *keine* erotische Stimmung hat. Irgendein äußerer oder innerer Reiz weckt seinen sexuellen Appetit; dieser verlangt nach Befriedigung, und zwar möglichst bald und möglichst rasch. Deshalb steuert er schnurstracks dem Ziele zu. Durch heftige und unbeherrschte Bewegungen erreicht seine Leidenschaft schnell den Höhepunkt und fällt dann jäh zum Nullpunkt ab, ja zu einer negativen Phase, in welcher der Mann sich wie geschlagen fühlt und bald in tiefen Schlaf verfällt. Es gibt kaum einen größeren und rascheren Stimmungsumschwung als denjenigen des Mannes vor und nach der geschlechtlichen Vereinigung, sofern diese nur vom Sexus getragen war.

Ganz anders ist das Erleben der Frau. Ihre sexuelle Erregung taucht erst allmählich aus dem erotischen Spiel hervor. Dieser langsame Anstieg der Leidenschaft ist für sie das größte Glück, und sie möchte ihn deshalb möglichst lange ausdehnen, während der Gipfel des Orgasmus nicht so ausgesprochen wie beim Mann das Ziel des ganzen Aktes bedeutet. Er ist viel eher der höchste Punkt auf einem Höhenweg. Auch nachher sinken die Gefühle der Frau nicht gleich auf Null, wie beim Mann, sondern sie kommen erst ganz allmählich zur Ruhe, und dieser langsame Abstieg ist für die Frau wiederum besonders wichtig und lustvoll. Er ist es allerdings nur, wenn sie ihn gemeinsam mit dem Mann erleben kann. Wenn dieser sogleich einschläft, fühlt sich die Frau um ein wichtiges Stück betrogen; erst recht, wenn der Mann schon während ihres Aufstieges fertig ist.

Schematisch dargestellt steigt die sexuelle Lustkurve des

Mannes steil zum Höhepunkt hinan und fällt noch steiler wieder herunter, während die der Frau langsam an- und absteigt. Wichtig für die Liebenden ist es, daß die beiden Gipfelpunkte ungefähr zusammenfallen. Ein kaum minder wichtiges Ziel ist, daß die Lustkurve des Mannes sich verbreitert, das heißt, daß er die Dauer der Vereinigung immer weiter ausdehnt. Die Orientalen, die auf diesem Gebiet sehr viel kultivierter sind als die Westvölker, setzen alle ihre Kunst darein, die Liebesvereinigung möglichst lange dauern zu lassen, zur größten Lust von Mann und Frau. In unserer Sprache bedeutet das: der Mann muß lernen, immer mehr erotisch statt nur sexuell zu erleben, der Zärtlichkeit gegenüber der Leidenschaft einen immer größeren Raum zu geben. Dann wird er erleben, daß auch bei seiner Frau die volle sexuelle Leidenschaft erwacht, die nicht geringer ist als seine eigene, und daß sie dadurch beide erotisch und sexuell eins werden.

Die zärtlich-leidenschaftliche Vereinigung darf nichts aus dem Ganzen der Ehe Herausgerissenes sein. Mann und Frau sollen nicht bei Nacht etwas ausleben, wozu sie vor ihrem Tagesgewissen nicht stehen; denn auch da, ja ganz besonders da »wandeln sie vor Gott« und nehmen die Lust aus seiner Hand. Konkret: der Mann erweist seine Liebeskunst darin, daß er in jedem Augenblick seine Leidenschaft beherrscht und sie ganz in den Dienst des *gemeinsamen* Erlebnisses stellt. Dann wird aus einer angeregten Abendstimmung ganz von selbst eine erotisch-zärtliche Atmosphäre entstehen. Vielleicht wird es dabei bleiben, und beide Ehegatten dürfen beglückt und bereichert schlafen gehen. Vielleicht erwacht aber auch bei beiden — bei beiden! — in dieser Atmosphäre die Leidenschaft und führt sie zur völligen Vereinigung.

Es ist die Kunst der Liebe, sich nicht vom Trieb einfach hinreißen zu lassen, sondern ihn zu einem gemeinsamen Erlebnis zu kultivieren; es ist das Wunder Gottes, daß Mann und Frau dabei tatsächlich zu einer einzigen Person verschmelzen.

Zur »Technik« der Liebesvereinigung

Nach dem bisher Gesagten sollte klar sein, daß das Entscheidende an der Liebesvereinigung nicht irgendeine Technik ist, sondern die seelische Haltung, die erotische Atmosphäre, das liebende Sein. Ohne sie wirkt alle Technik peinlich. Erfahrungsgemäß kann aber eine schlechte Technik auch eine echte Liebe stören, so daß die Liebesvereinigung nicht zur vollkommenen Einheit führt, sondern für den einen oder für beide Partner zur Qual werden kann. Aus diesem Grunde will ich jetzt die wichtigsten Punkte erörtern, die Mann und Frau vorher kennen müssen.

Wenn ein junges Paar sich anschickt, die erste gemeinsame Nacht zu verbringen, sind beide freudig gespannt auf das, was sich nun zwischen ihnen ereignen wird, aber unter die Freude mischt sich meist auch ein wenig Angst. Der junge Mann fragt sich, ob er auch alles richtig machen wird. Auch die junge Frau ist unsicher, sie hat vielleicht sogar — trotz aller Aufklärung — eine gewisse elementare körperliche Angst vor dem Neuen, das jetzt an ihr geschehen soll. Deshalb sei beiden mit Nachdruck gesagt: Das Große, das ihr erwartet, wird auf keinen Fall jetzt, in dieser Nacht, ganz geschehen, sondern das ist nur der bescheidene Anfang. Es ist auch gar nicht wichtig, wie weit ihr heute bei diesem Anfang kommt. Das ganze Leben liegt vor euch, um weiterzumachen. Wichtig ist jedoch, daß *richtig* angefangen wird.

Die Frau muß sicher sein können, daß ihr Mann nicht unbedingt gleich »alles« von ihr haben will, sondern daß er sich nötigenfalls damit begnügen wird, neben ihr zu liegen und mit ihr zu plaudern. Wer von seiner Partnerin einen Grad von Intimität verlangt, zu dem ihr Herz noch nicht bereit ist, der vergewaltigt sie, und wer sich einfach »an ihr befriedigt« wie an einem Objekt, der verleugnet gleich von

Anfang an die erotische Beziehung und legt damit vielleicht den Grund zu dauernder Frigidität. Beide Partner sollen wissen, daß auch dann, wenn es gleich zur vollen Vereinigung kommt, die höchste Lust, namentlich für die Frau, noch nicht erreicht wird — auch ein Junge, der zu Weihnachten eine Geige bekommt, wird nicht gleich unter dem Lichterbaum mit seinem Spiel die Anwesenden zu Tränen bewegen können. Das noch unerfahrene Mädchen kann ein heftiges Zärtlichkeitsbedürfnis haben, der ganze Körper kann erotisiert sein, aber die eigentlichen sexuellen Gefühle sind noch nicht wach und brauchen einige Wochen oder Monate, um voll auszureifen. Der junge Mann darf deshalb nicht voraussetzen, was noch nicht vorhanden ist, er darf die einzelnen Stationen nicht überspringen und muß sich daran erinnern, daß jeder unzeitgemäße sexuelle Anspruch eine entsprechende Abwehr auslöst.

Die Liebesvereinigung kann man in drei Phasen einteilen: das Liebesspiel (Vorspiel), den Coitus und das Nachspiel. Im Gegensatz zu dem, was Männer gewöhnlich glauben, ist die zweite Phase nicht so unbedingt die Hauptsache. Jede Phase hat ihre selbständige Bedeutung, und keine kann ohne die beiden anderen bestehen. Von der Liebesvereinigung wird in der Bibel gesagt: »Adam *erkannte* sein Weib.« Sie läßt sich in der Tat nicht treffender bezeichnen: Jedesmal sollen Mann und Frau einander neu und tiefer erkennen, auch nach einer jahrzehntelangen Ehe. Führt die Vereinigung nicht zu diesem Erkennen, bleibt sie ein bloßes Reizen und Abreagieren des Triebes, bleibt sie eine gewohnheitsmäßige Gefälligkeit, die man einander von Zeit zu Zeit erweist, bleibt sie »eheliche Pflicht«, die man resigniert ableistet, dann erfüllt sie ihren Sinn nicht, und man läßt sie lieber ganz bleiben.

Das *Liebesspiel* besteht in einer fortschreitenden *symbolischen* Entdeckung des Ehegatten, seelisch noch mehr als körperlich. Der spielerische Widerstand der Frau wird nicht durch die Kraft des Mannes überwunden, sondern durch seine überlegene Ruhe, seine Selbstbeherrschung und fürsorglich bergende Liebe. Nicht technische Tricks, sondern seine ganze

Haltung soll die Frau jedesmal neu gewinnen. Natürlich wird sich diese Haltung auch in Liebkosungen äußern, die man mit viel Zartheit, Takt und Einfühlung allmählich erlernen muß. Keine noch so intime Berührung oder Preisgabe ist an und für sich »unmoralisch« oder gar »pervers«, solange sie nicht bloß die eigene Befriedigung, unter Mißachtung des Partners, sondern auch dessen Beglückung zum Ziele hat.

Der wesentliche Sinn des Liebesspiels ist ein seelisch-erotischer: Beide Partner sollen fühlen, daß sie einander rückhaltlos angehören, daß sie einander mit ihrem ganzen Wesen glücklich machen können, und daß ihre Seelen in diesem kunstvollen Spiel von Worten und Liebkosungen immer mehr zu einem neuen Ganzen zusammenfließen. So richten sich die Zärtlichkeiten nicht gleich auf die eigentlichen Geschlechtsorgane oder die erogenen Zonen, wie Brüste, Lenden, Achselhöhlen oder Nacken, sondern sie nähern sich allmählich von den Ohrläppchen oder den Zehen her, den ganzen Leib erregend, den Regionen, wo die leidenschaftlicheren Gefühle geweckt werden. Je besser man einander kennt, desto mehr werden auch diese Liebkosungen zu einem »Gespräch« mit oder ohne Worte.

Am Ende des Liebesspiels soll das Glied des Mannes voll gesteift (erigiert) und der Scheideneingang der Frau durch reichliche Schleimabsonderung feucht und schlüpfrig sein. Es hat keinen Sinn, einen Coitus zu versuchen, wenn diese beiden Bedingungen nicht erfüllt sind; er würde dann nur Schmerzen bei der Frau und bittere Enttäuschung beim Mann hervorrufen. Man muß unter diesen Umständen im letzten Augenblick auf die volle Vereinigung verzichten und sich ohne Groll mit den Freuden des Liebesspiels begnügen können. Dieses hat ja auch, wie gezeigt wurde, an sich einen Sinn und kann als solches Mann und Frau beglücken. Die Zeit des Liebesspiels ist unbemessen, es wird aber im allgemeinen mehr als fünf Minuten dauern.

Der eigentliche Coitus beginnt in dem Augenblick, in dem der Mann sein steifes Glied in die Scheide der Frau einführt.

Am Anfang geschieht das am besten so, daß die Frau auf dem Rücken liegt, eventuell ein kleines Kissen unter das Becken legt und bei leicht gebeugten Oberschenkeln die Beine bequem spreizt. Der Mann legt sich nicht einfach über sie, sondern stützt sich in Knie-Ellenbogenlage, um sie nicht zu belasten. Das Glied wird von vorne-oben her eingeführt, wobei — besonders am Anfang — die Hand des Mannes oder die der Frau den Weg finden hilft. Man muß sich dabei vergegenwärtigen, daß die Scheide im Becken der Frau schräg nach hinten-oben verläuft.

Bei der ersten Einführung des Gliedes wird das Jungfernhäutchen (Hymen) der Frau, das den Scheideneingang teilweise verschließt, durchstoßen, was einen leichten Schmerz und eine ganz geringe Blutung verursacht. Man braucht diesen Augenblick durchaus nicht zu fürchten; jedoch muß der Mann daran denken, daß diese erste Vereinigung der Frau im allgemeinen nicht die gleiche Lust bereitet wie ihm selber. Wenn ausnahmsweise das Jungfernhäutchen auch nach wiederholten Versuchen an verschiedenen Tagen nicht durchstoßen werden kann, suche man möglichst bald einen Frauenarzt auf, der durch einen kleinen und schmerzlosen Eingriff das zähe Hymen durchtrennt. Mag man sich auch anfänglich gegen diese Lösung sträuben, so ist sie doch besser, als sich wochen- und monatelang aneinander zu plagen und damit vielleicht den Keim zu dauernder Abneigung zu legen. Im übrigen hat man früher diesem Jungfernhäutchen eine unverhältnismäßig große Bedeutung beigemessen, sowohl hinsichtlich der Lust, die seine erste Durchstoßung (Defloration) dem Mann angeblich bereiten soll, als auch hinsichtlich seines Werts als Siegel der Jungfräulichkeit. In Wirklichkeit ist auch die Jungfräulichkeit weit mehr ein psychologischer als ein anatomischer Begriff, das heißt, sie beruht auf der Unversehrtheit der Gefühle, nicht auf der des Hymens, und entsprechend verhält es sich mit der Lust des Mannes an ihr.

Die Kunst besteht nun darin, die Liebesvereinigung möglichst lange auszudehnen. Einmal darum, weil die Lustkurve der Frau langsamer ansteigt und sie entsprechend mehr Zeit braucht, um den Höhepunkt zu erreichen; dann aber auch, weil dieses Zusammensein an sich lust- und sinnvoll ist, nicht nur um des Orgasmus willen. Der Reiz der Einführung bewirkt jedoch einen starken Drang, das Glied in der Scheide hin- und herzubewegen, was für beide Partner wohl lustvoll ist, beim Mann aber allzu schnell den Orgasmus mit der Ausstoßung des Samens (Ejakulation) und damit auch die Erschlaffung des Gliedes herbeiführt. Die Ejakulation als solche untersteht nicht dem Willen, bei einer gewissen Reizhöhe erfolgt sie zwangsläufig. Will man also die Vereinigung möglichst lange dauern lassen, dann kann man nur dafür sorgen, daß die Reize, besonders am Anfang, nicht zu rasch anwachsen. Der Mann muß darauf bedacht sein, sein Glied am Anfang nicht zu tief einzuführen und zunächst keine heftigen Bewegungen (Friktionen) zu vollziehen, bis die erste Reizwelle etwas abgeklungen ist. Notfalls muß er immer wieder eine Zeitlang ganz still liegen bleiben. Je länger er sich zurückhalten kann, desto mehr nimmt seine Reizbarkeit ab, so daß er nach einigen Minuten ungestraft die starken Bewegungen ausführen darf, die dann die Lust bei beiden Partnern auf den Höhepunkt treiben.

Wie lange soll der Coitus dauern? Mindestens bis die Frau ihren Orgasmus erreicht hat. Für beide Partner ist die Liebesvereinigung dann am schönsten, wenn durch geschickte »Technik« dieser Orgasmus möglichst lange hinausgeschoben wird und damit eine noch vollkommenere Auflösung und Verschmelzung der Liebenden erfolgt. Nach der Statistik von KINSEY beansprucht der Coitus der Amerikaner durchschnittlich nur 1—2 Minuten. Diese Zeit erscheint einem Orientalen lächerlich kurz und sie wird auch für die meisten Frauen nicht ausreichen, um zum Orgasmus zu kommen. Sie sind somit verurteilt, unbefriedigt zu bleiben, was unbedingt vermieden werden sollte. Oder aber der Mann muß versuchen, den Orgasmus seiner Partnerin nachträglich dadurch herbeizuführen, daß er sie mit einem oder zwei Fingern am Scheideneingang liebkost. Namentlich die Klitoris ist für zarte Berührungen ansprechbar und geeignet, den Orgasmus doch noch auszulösen. Diese manuelle Befriedigung ist zwar besser als nichts, aber doch keine ideale Lösung.

Bei sehr vielen Männern tritt die Ejakulation bereits wenige Sekunden nach der Einführung des Gliedes ein, ja manchmal schon vorher, so daß der Coitus gar nicht mehr möglich wird. Man spricht dann von vorzeitigem Samenerguß (ejaculatio praecox). Alle Fachleute sind sich darüber einig, daß diese Störung eines der Hauptübel im Eheleben bedeutet, aber merkwürdigerweise sagen die meisten nicht, wie sie zu beheben sei. Ich möchte deshalb etwas näher darauf eingehen. Der vorzeitige Samenerguß ist zum Teil wohl tierischer Rückschlag; denn die meisten Tiere, die ja den Eros nicht kennen, erleben die einzig der Befruchtung dienende Ejakulation schon nach wenigen Sekunden. Zum Teil beruht er aber auch auf dem männlichen Egoismus, der blind aufs Ziel losschießt, ohne an die Partnerin zu denken. Schließlich ist er — paradoxerweise — oft der Ausdruck einer Hemmung, eines unbewußt schlechten Gewissens wegen der eigenen Lust. Das Unbewußte des in einer starren Moral befangenen Mannes sagt gewissermaßen: »Wenn es schon sein muß, dann möglichst rasch und lustlos.«

Zur Behebung des vorzeitigen Ergusses geben MASTERS & JOHNSON eine neue Technik an, bei der die Frau wesentlich mithilft. Ich zitiere etwas abgekürzt: »Die Frau muß lernen, durch Streicheln das männliche Glied zur Erektion zu bringen, dann aber durch festen Druck den Samenerguß (Ejakulation) zu verhindern. Sie sitzt dazu mit dem Rücken gegen die Wand und die Beine gespreizt. Der Mann legt sich auf den Rücken, den Unterkörper zwischen den Beinen der Frau, und legt seine Beine auf die ihren, so daß sie sein Glied bequem reizen kann. Sobald die Erektion genügend ist, wird die ›Druck-Technik‹ angewandt: Die Frau legt ihren Daumen auf das ›Frenulum‹ (die schmale Hautfalte, die auf der untern — jetzt ihr zugewandten — Seite der Eichel liegt) und den Zeige- und Mittelfinger nebeneinander auf die gegenüberliegende Seite, beiderseits der Kranzfurche. Der Daumen und die gegenüberliegenden Finger üben nun einen sehr festen Druck auf den Penis, während 3—4 Sekunden, was beim Mann den Drang zur Ejakulation völlig abstellt. Nach 15—30 Sek. fängt die Frau wieder mit der Reizung an und geht bei voller Erektion wieder auf die Druck-Technik über. Im Wechsel von Reiz und Druck kann dieses Verfahren 15—20 Minuten lang weitergeführt werden, ohne eine Ejakulation auszulösen, was die Partner bisher noch nie erlebt haben. Nach einigen Tagen hat der Mann das Selbstvertrauen, die Ejakulation beliebig lang zurückhalten zu können. Die ersten Coitusversuche erfolgen am besten in Rückenlage des Mannes, die Frau über ihm, zunächst ohne Bewegungen. Bei starkem Drang des Mannes kann sie wieder einige Sekunden lang die ›Druck-Technik‹ anwenden.« (S. 94—96)

Ist es einmal gelungen, die Vereinigung auf einige Minuten auszudehnen, dann steht es bis zu einem gewissen Grad in der Macht des Mannes, wie lange er noch zurückhält und wann er bei beiden den Orgasmus dadurch auslöst, daß er mit einigen besonders starken und tiefen Friktionen die Ejakulation bewirkt, wodurch gleichzeitig bei der Frau der Orgasmus einsetzt. Dieser äußert sich in rhythmischen Zusammenziehungen der Scheide, des Beckenbodens, ja des ganzen Körpers, er besteht aber vor allem in einem nicht mehr zu überbietenden Lustgefühl, das manchmal zu einer leichten Bewußtseinstrübung führt. Am Anfang der Vereinigung ist die Klitoris über dem Scheideneingang besonders erregbar. Nach der Gliedeinführung geht die Erregbarkeit auf die Scheide über, von der dann der tiefe, eigentliche Orgasmus ausgeht. (Auf diesen vaginalen Orgasmus legt Frau ROBINSON [»Die erfüllte Frau«] ganz besonderen Wert.) Nach diesem Höhepunkt sinkt die Spannung beim Mann rasch, bei der Frau langsam ab. Wenn der Mann jetzt seinem animalischen Trieb nachgibt, sich von der Partnerin abwendet und einschläft, wie es häufig geschieht, dann fühlt sich die Frau gerade in diesem schönsten Augenblick verlassen; sie kommt dadurch lange nicht zur Ruhe und hegt in dieser Zeit für den Mann wenig freundliche Gefühle. So ist mancher Mann sehr erstaunt, wenn seine Frau gerade am Morgen nach einer Liebesvereinigung schlechter Laune ist.

Hier setzt nun das *Nachspiel* ein, das so oft vernachlässigt wird. Rein physisch ist beim Mann wohl eine gewisse Erschlaffung, ja Depression eingetreten (»omne animal post coitum triste«), aber sowie er nicht bloß sexuell, sondern auch erotisch erlebt, öffnet sich seine Seele gerade jetzt in besonderer Weise.

Nach dem Sturm der Leidenschaft sind die beiden Liebenden in ihrem Innersten aufgebrochen und können einander unmittelbar in die Seele schauen. Jetzt können sie einander Dinge sagen und offenbaren, die sonst nicht auszudrücken waren, Probleme lösen sich wortlos, und sie erleben gerade jetzt die vollkommene Gemeinschaft. In diesem Augenblick bewahrheitet sich der biblische Ausdruck: »Adam *erkannte* sein Weib.« Die ungeheure vitale Energie der Vereinigung ist nicht einfach verpufft, sondern hat sich in seelisch-geistige Liebe umgesetzt; ja es bedurfte dieser verwandelnden Kraft, um das Unglaubliche der vollen Gemeinschaft zu vollbringen. Nicht nur im Liebesspiel, nicht nur im leidenschaftlichen Aufstieg der Gefühle, nicht nur im Orgasmus, sondern auch und erst recht in der erhabenen Ruhe, die darauf folgt, erfahren Mann und Frau das Wunder: »Die zwei werden eine Person sein.«

Von äußeren Bedingungen

Wir hörten schon von der Wichtigkeit der erotischen Stimmung, namentlich für die Frau. Daraus ergibt sich zwangsläufig, daß die Liebesvereinigung nicht — wie es der Mann so oft möchte — dazu dienen kann, den Friedensschluß nach einem heftigen Streit zu besiegeln. So rasch kann sich die Frau im allgemeinen nicht umstellen, und wenn sich ihr der Mann mit seinen Wünschen nähert, bricht der Streit von neuem aus: »Zuerst beschimpfst du mich, und dann bin ich dazu gut genug. Nur deshalb bist du jetzt wieder freundlich.« Liebe ist kein Mittel zum Zweck — auch nicht um Frieden zu stiften —, sie trägt ihren Sinn in sich selbst.
Zur richtigen Stimmung trägt der äußere Rahmen wesentlich bei. Das Schlafzimmer sollte wohnlich und freundlich ausgestattet sein, was durchaus nicht Luxus bedeutet. Von andern bewohnten Räumen muß es nach Möglichkeit schalldicht isoliert werden. Nie sollen Kinder, auch nicht ganz kleine, im elterlichen Schlafzimmer schlafen! Für die Stimmung der Frau bedeutet es eine empfindliche Störung, wenn sie befürchten muß, von den Kindern oder gar von der Schwiegermutter belauscht zu werden. Das Zimmer selbst ist am besten gedämpft beleuchtet. Grelles Licht wirkt störend, völlige Dunkelheit raubt den Partnern die Möglichkeit, einander zu betrachten und zu bewundern. Der Anblick des leicht bekleideten oder nackten Frauenkörpers bedeutet für den Mann einen mächtigen erotischen Reiz, und jede Prüderie seitens der Frau ist hier ganz unangebracht. (Daß es auch einen Reiz im Verhüllen und Enthüllen gibt, und daß man auch ohne Prüderie taktvoll bleiben kann, ist eine andere Sache.) Dagegen übt der nackte Männerkörper im allgemeinen auf die unerfahrene Frau nicht die gleiche Wirkung aus, ja sein Anblick kann unter Umständen sogar einen leichten Wider-

willen auslösen. Der Mann sei deshalb zunächst mit seiner Entblößung vorsichtig. Merkt die Frau, daß der Mann auf irgendein Detail der Kleidung, einen bestimmten Schmuck, ein besonderes Parfum oder auch auf Make-up Wert legt, dann soll sie sich das zunutze machen. (Von der Königin Esther wird berichtet, daß sie vor der Hochzeit »sechs Monate lang mit Myrrhenöl und sechs Monate mit Balsam und anderen Schönheitsmitteln der Frauen« behandelt wurde. Est 2, 12). Bei dieser Gelegenheit möchte ich nachdrücklich betonen, wie wichtig peinlichste Sauberkeit am eigenen Körper für beide Partner ist; tägliches Waschen auch der Geschlechtsgegend und der Füße sollte selbstverständlich sein. Ein unangenehmer Geruch kann die schönste Stimmung zunichte machen, ebenso ein rauher Bart.

Die Liebesvereinigung selbst ist unendlicher Variationen fähig. Ist die gegenseitige Anpassung in Rückenlage der Frau einigermaßen gelungen, dann wird das Paar allmählich andere Positionen versuchen und erfinden. Es sei namentlich auf die Reitstellung der Frau auf dem liegenden oder sitzenden Mann hingewiesen, die in manchen Ländern die Normalposition ist und für beide Teile einen besonders starken Reiz bewirkt. Solche Abwechslungen sind in keiner Weise »unmoralisch«, solange sie Ausdruck gegenseitiger Liebe sind und nicht vom einen Partner — meistens vom Mann — als unpersönliches »Benützen« des andern mißbraucht werden. Ganz im Gegenteil könnte man den schematischen und gefühlsarmen gutbürgerlichen Geschlechtsakt als Lieblosigkeit und deshalb als im höchsten Grad unmoralisch bezeichnen, sofern er die Partner nicht glücklich macht, sondern langweilt, sofern er ihnen nicht Geschenk, sondern »eheliche Pflicht« bedeutet. Andererseits muß hier nochmals daran erinnert werden, daß Technik allein noch kein eheliches Glück schafft. Es gibt auch ungeschickte Ehepaare, die glücklich sind.

Über die Häufigkeit des Coitus lassen sich keine starren Regeln aufstellen. Die wohl zu Unrecht Luther zugeschriebene Regel »in der Woche zwier, macht im Jahre hundertvier« mag ein Durchschnitt sein; nichts wäre verkehrter als eine fahrplanmäßige Regelung. Es gibt Zeiten, in denen tägliche Vereinigungen dem Bedürfnis beider Partner entsprechen, und solche, in denen Pausen von acht und vierzehn Tagen erwünscht sind. Der leidenschaftlicher veranlagte Partner wird sich auf alle Fälle nach dem ruhigeren zu richten haben, wie auf einer Tour der langbeinige Wanderer sich nach dem kurzbeinigen richtet und nicht umgekehrt. Manche erotisch gut begonnene Ehe ist daran gescheitert, daß der Mann zu häufige Vereinigungen verlangte und die Frau dadurch abkühlte, weil sie immer wieder »ohne Appetit essen« mußte. Aber auch ein zu langsamer Rhythmus mit Pausen von z. B. zwei oder drei oder vier Wochen ist ungünstig, wenn er nicht dem Temperament, sondern einer willkürlichen Regelung entspricht. Es ist eine Frage der Liebe, des Taktes und vielleicht der Klugheit, den weniger leidenschaftlichen Partner erotisch — nicht sexuell! — anzuregen. Ebenso sollte der leidenschaftlichere nicht kurzerhand abgewiesen werden (womöglich noch mit einer moralisierenden Bemerkung); man wird ihm vielmehr mit aller Zärtlichkeit zu verstehen geben, daß das Zusammensein vollkommener und reicher werden dürfte, wenn er noch einige Tage wartet.

Namentlich bei jungen Paaren kommt es häufig vor, daß das Nachspiel gleitend zum Vorspiel eines neuen Liebesaktes wird. In einer langen und voll beglückenden Vereinigung werden die Partner allerdings im allgemeinen so sehr aufgegangen sein, daß eine Wiederholung kaum wünschbar erscheint. Bisweilen war aber die Vereinigung nur von kurzer Dauer, vielleicht nach einer längeren Trennung und Gefühlsstauung, und die richtige gegenseitige Beglückung erfolgt erst in einer zweiten Vereinigung nach einer Viertel- oder halben Stunde.

Je besser und reifer eine Ehe wird, desto weniger bleibt der Trieb Schrittmacher. Vielmehr wird die Vereinigung immer mehr zum Ausdruck echter, persönlicher Liebe. Jede Vereinigung, die nicht aus der Liebe hervorgeht, wird dann als lieblos empfunden.

Bei vielen Paaren gilt es als ausgemacht, daß der Mann allein aktiv sein soll, die Frau dagegen in Passivität zu verharren habe. Das ist ein Vorurteil. Natürlich ist die klassische Rolle des Mannes die des »Eroberers«; ist aber diejenige der Frau nicht ebenso klassisch die der »Verführerin«? Sie hat es weitgehend in der Hand, durch ihre ganze Haltung den Eros des Mannes zu wecken *und* zu erziehen. Viele Männer schätzen Liebkosungen sehr, besonders wenn sie älter werden. Die Frau braucht sich deshalb vor ihnen nicht zu scheuen und kann, wenn sie merkt, daß es ihm angenehm ist, auch mit der Hand nach seinem Glied greifen und es sachte streicheln. Mancher Mann, der zwischen Vierzig und Fünfzig seine sexuelle Potenz leicht abnehmen sieht, bekommt deswegen Minderwertigkeitsgefühle und ist freudig überrascht, wenn eine aktive Partnerin diese Kraft wieder zu wecken versteht. Was ist nun besser: wenn er diese Partnerin irgendwo draußen, und sei es auch nur in einer Bar findet, oder wenn ihm seine eigene Frau sein Selbstvertrauen wieder schenkt?

»Die Verführungskunst in der Ehe ist eine physisch-psychische Dimension des Verhaltens, die tiefgreifend und auch spielerisch sein muß, zum Beispiel in so unterschiedlichen Situationen wie bei der Aufheiterung eines entmutigten Mannes nach einem frustrierenden Arbeitstag (oder der Ermutigung einer Frau nach einem ähnlich frustrierenden Tag im Hause) oder der Vorbereitung eines etwas unlustigen Mannes (oder einer Ehefrau) auf den geschlechtlichen Verkehr. Die Verführung muß sanft und zart, aber zugleich auch stark und herausfordernd sein; sie muß kühn und phantasievoll, doch zugleich auch ernst und beruhigend erfolgen.« (Aus dem sehr anregenden Buch von ANDREW GREELEY, »Eine Zukunft, auf die man hoffen kann«, Olten 1971, Walter.)

Gestörte Vereinigung

In den ersten Monaten der Ehe sind Potenzstörungen des Mannes häufig und mangelhafte Lustgefühle der Frau sozusagen die Regel. Man soll sich deshalb nicht gleich entmutigen lassen und bedenken, daß jede Kunst gelernt sein will. Auch später kann, selbst in der besten Ehe, eine Liebesvereinigung gelegentlich verunglücken, und auch das ist nicht tragisch zu nehmen. Von *Frigidität* wird man erst dann sprechen, wenn die Frau dauernd keine Lust an der Geschlechtsgemeinschaft zeigt. Diese Störung ist relativ geringfügig, wenn das erotische Verlangen zwar vorhanden ist, aber eine Abneigung gegen den eigentlichen Coitus besteht, oder, im leichtesten Fall, wenn die allmähliche Steigerung auch der sexuellen Lust deutlich erlebt wird, es aber nicht zum richtigen Orgasmus mit nachheriger Entspannung kommt. Im Extremfall krampft sich die Scheide bei der Annäherung des Mannes so zusammen, daß ein Eindringen unmöglich ist. Man spricht von *Vaginismus*.
Die Ursachen der Frigidität können sehr verschieden sein. In den seltensten Fällen liegen physische Gründe vor (Unterentwicklung, Drüsenstörungen, allgemeine Erschöpfung), viel häufiger psychische (engherzige Erziehung, die alles Erotische verdammte und ins Unbewußte verdrängte; Schuld- oder Minderwertigkeitsgefühle wegen kindlichen Erlebnissen, Selbstbefriedigung oder üppigen erotischen Phantasien; unbewußte Gefühlsbindung an den Vater, Bruder oder einen früheren Geliebten; Angst vor dem Mann und unbewußtes Sträuben, die weibliche Rolle anzunehmen). Oft ist die weibliche Frigidität auf eine falsche Haltung des Mannes zurückzuführen (ungenügendes Liebesspiel, zu rascher Samenerguß, fordernde statt werbende Haltung, falsche Wahl des Augenblicks, nämlich nach dem Bedürfnis des Mannes, nicht nach

dem der Frau). Alle diese Ursachen gegeneinander abzu-
wägen und dann die richtige Behandlung zu finden, ist Sache
eines erfahrenen Arztes. Manchmal hilft zielbewußte Gym-
nastik der Beckenbodenmuskulatur (rhythmisches Zusammen-
ziehen der Aftermuskeln mehrmals täglich 2 bis 3 Minuten
lang).
Ähnliches ist von den männlichen Störungen zu sagen. Vom
vorzeitigen Samenerguß habe ich bereits ausführlich gesprochen. Mangelhafte oder ganz fehlende Steifung des
Gliedes *(Impotenz)* ist bei Männern unter Vierzig fast immer
psychischen Ursprungs und muß dementsprechend behandelt
werden. Leichte Potenzstörungen bei Männern um Fünfzig
sind, wenn auch meistens psychisch mitbedingt, durch eine
Änderung der Lebensweise und durch Hormone gut zu beeinflussen. Aber man konsultiere unbedingt einen Arzt.
Sogenannte *perverse Neigungen* (Sadismus, Masochismus,
Fetischismus, Dirnenphantasien) gehen fast immer auf kindliche Störungen der Geschlechtsentwicklung zurück. Sie sind
also nicht einfach moralisch zu verurteilen, sondern müssen
sachgemäß psychotherapeutisch behandelt werden. Manche
Männer leben sie nur in ihren Phantasien aus. So kann man
sagen, daß Selbstbefriedigung bei verheirateten Männern oft
auf perversen Regungen beruht. Da sie sich dadurch immer
mehr von ihrer Frau entfremden, sollte man bei Fortdauer
der Selbstbefriedigung nach der Eheschließung einen Psychotherapeuten um Rat fragen. Nicht selten bilden mehr oder
weniger bewußte homosexuelle Regungen bei Mann oder
Frau ein Hindernis bei der erotischen Begegnung. Eine
gründliche Beratung, womöglich vor der Heirat, ist hier
notwendig. Ausgesprochene Homosexualität ist ein absolutes
Ehehindernis.
Sexuelle Störungen gehören so selbstverständlich zum Psychotherapeuten oder Eheberater wie ein Beinbruch zum
Chirurgen. Sie sind fast immer Ausdruck einer gestörten
Gesamteinstellung von Mann und Frau. So liebt die frigide
Frau ihren Partner nicht als Mann, weil er zum Beispiel in
seiner geistig-religiösen Aufgabe ihr gegenüber versagt hat;

der impotente Mann weicht vor dem eigentlichen Weiblichen aus und verschanzt sich in seinem Beruf oder sonst einer männlichen Geste. Ganz allgemein müssen wir uns davor hüten, sexuelle Störungen des Mannes oder der Frau isoliert zu betrachten, gewissermaßen als »Organstörungen«, die von der Gesamteinstellung zwischen den Ehegatten unabhängig wären. Recht viele erwachsene Menschen stehen immer noch nicht ganz zu ihrem Geschlecht, zu ihrem Mann- oder Frau-Sein: Entweder nehmen sie die mit ihrem Geschlecht verbundene Rolle nicht ganz an, oder sie fürchten, dem konventionellen Ideal oder den besonderen Erwartungen ihres Partners nicht zu genügen. Dadurch verkrampfen sie sich in eine weibliche oder männliche »Haltung«, die ihnen in Wirklichkeit nicht entspricht, woraus wiederum neue Minderwertigkeitsgefühle entstehen.

Die meisten Menschen haben — oft von Jugend auf — geheime sexuelle Vorstellungen und Wünsche, über die sie sich schämen und die sie deshalb nie ihrem Partner eingestehen würden. Meistens handelt es sich um durchaus normale und berechtigte Wünsche, manchmal um zwar leicht abwegige, aber dennoch vertretbare und annehmbare Vorstellungen. Das ängstliche Schweigen darüber und die gelegentliche Erregung oder Befriedigung durch entsprechende Lektüre oder Bilder, allenfalls pornographische Darstellungen, verursachen schwere Schuldgefühle und können die Hemmung dem Partner gegenüber verstärken bis zu völliger Impotenz oder Frigidität. Gelingt es einmal, restlos offen miteinander zu reden, nicht im Sinn einer »Beichte«, sondern der Öffnung des Herzens bis in seine geheimsten Winkel, dann kann nicht nur die Hemmung mit einem Schlag verschwinden, man wird auch durch eine tiefere Verbundenheit belohnt. Und das um so mehr, als die Selbstoffenbarung gewöhnlich gegenseitig erfolgt. Wenn ein solches Gespräch ganz unmöglich erscheint, oder wenn der Partner auf eine solche Eröffnung negativ reagiert, empfiehlt sich dringend das Gespräch mit einem Eheberater oder einem erfahrenen Psychologen. Er wird dann eher imstande sein, zwischen den Ehegatten eine Brücke zu schlagen. Ein oft sehr hilfreiches Buch für Frauen mit sexuellen und seelischen Störungen ist MARIE N. ROBINSON, »Die erfüllte Frau«.

Das Glück in der Ehe und insbesondere in der Geschlechtsgemeinschaft hängt tatsächlich zu einem großen Teil davon ab, daß Mann und Frau nicht nur zu ihrem Geschlecht stehen, sondern auch zu all ihren Besonderheiten und vermeintlichen »Abartigkeiten«, und daß sie gerade aus ihnen neue Kräfte zur Beglückung des Partners schöpfen. Die sexuelle und erotische Vorstellungswelt ist unendlich mannigfaltig, und es ist wichtig, daß Mann und Frau sie gemeinsam entdecken und sich gegenseitig in ihrer Eigenart bestätigen.

Eros am Tage

Wie aller Eros, so ist auch der Eros am Tage keine individuelle Angelegenheit, sondern gehört zur Gemeinschaft des Paares. Jeder Gang, den ich tue, jeder Mensch, dem ich begegne, jedes Buch, das ich lese, jeder blühende Baum, an dem ich mich freue, sie alle sind nicht meine private Angelegenheit, sondern berühren irgendwie auch meine Frau, positiv oder negativ, aufbauend oder zerstörend. Gerade aus diesem Grunde dürfen wir einander nicht nötigen: Ich darf meiner Frau nicht vorschreiben, welche Gänge sie tun, welchen Menschen sie begegnen und welche Bücher sie lesen soll, sonst wäre sie ja nur noch mein erweitertes Ich und nicht mein Du, das fruchtbar auf mich zurückwirkt. Jeder Versuch einer Gleichschaltung hebt unsere Zweisamkeit auf und wir werden zwei einsame Menschen.

Dasselbe gilt von unseren Fehlern: Jeder Fehler meiner Frau ist der Widerschein eines Fehlers von mir, und wenn ich daran arbeite, meinen eigenen Fehler zu beheben, wird gleichzeitig auch der Fehler meiner Frau behoben. Der autoritäre, bisweilen brutale Mann hat meistens eine Frau, die ihm Minderwertigkeitsgefühle einflößt; die eifersüchtige Frau hat zwar nicht immer einen Mann, der sie mit anderen Frauen hintergeht, aber meistens ist er doch von anderen Dingen zu stark in Beschlag genommen und schenkt ihr zu wenig Zärtlichkeit; die Frau des Wirtshausbesuchers versteht es oft einfach nicht, ihren Mann zu Hause zu behalten, und der Mann der hysterischen Frau hat zu ihr meist eine falsche Einstellung. Diese Fehlerpaare ließen sich beliebig vermehren. Jeder versuche einmal, allen Ernstes sich zu fragen, durch welche eigene Fehlhaltung er den so bedrückenden Fehler seines Ehepartners bewirkt oder unterstützt. Wenn sich Mann und Frau miteinander besinnen, werden sie meistens Erstaunliches finden.

Für mich wichtig und interessant sind nur meine eigenen Fehler, während die meines Partners nur ihn etwas angehen. Ein Freund sagte mir, in der Ehe habe er entdeckt, daß 2 x 2 100 ergeben. Auf meine erstaunte Frage meinte er: »Wenn ich mit meiner Frau streite, bin ich überzeugt, zu 98 Prozent im Recht zu sein, und sie glaubt dasselbe von sich. Wenn aber jeder von uns versucht, die 2 Prozent Fehler, die er bei sich selbst anerkennt, in Ordnung zu bringen und sich beim Partner dafür entschuldigt, dann ist der Streit auf einmal zu 100 Prozent behoben.« Diese Mathematik ist unfehlbar. Das Wörtlein »es tut mir leid« oder »du hast recht« hat in der Ehe umwälzende Wirkungen. Aber natürlich nur, wenn ich es selber und freiwillig gebrauche, nicht wenn ich den Andern nötige, seinen Fehler endlich einzusehen und sich zu entschuldigen.

Der Eros erweist sich am Tag in hundert Dingen, die man gern für den Andern tut: in der Art, wie sich die Frau anzieht, wie sie dem Mann das Essen zubereitet und es auf den Tisch bringt, wie sie die Wohnung in Ordnung hält und Gäste empfängt; in der Art, wie der Mann für seine Frau sorgt, wie er ihr schwere Arbeit abnimmt und sie immer wieder durch eine kleine Überraschung erfreut, wie er auf lange Sicht das wirtschaftliche Gleichgewicht sichert und seiner Frau überhaupt das Gefühl verschafft, an ihm einen Felsen zu haben.

Von allergrößter Wichtigkeit ist es, die Zeit richtig zu gestalten. Jeder Tag soll seine Höhepunkte haben, auf die man sich freuen kann: die gemeinsamen Mahlzeiten, der Abend mit Spiel, Lesen oder einer interessanten Fernsehsendung, wenn möglich auch ein kurzer gemeinsamer Spaziergang am frühen Morgen oder auch am Abend. Ebenso gibt es auch Höhepunkte in der Woche: nicht nur das Wochenende und den Sonntag, sondern möglichst auch zwischendrin einen Abend, an dem man ausgeht oder etwas Besonderes unternimmt. Schließlich sollen auch im Jahresablauf, abgesehen von den traditionellen Festen, kürzere oder längere Ferien, Reisen oder festlich begangene Anlässe den Lauf der Zeit gliedern und gestalten. Das ist auch bei bescheidenem Etat möglich.

Das Geheimnis, immer Zeit zu haben, besteht darin, nicht das zu tun, was »ich will«, was ich als »gut« ansehe, was »selbstverständlich« ist, sondern das, was Gott jetzt von mir will. Dazu muß ich auf ihn horchen und ihm gehorchen.

Zu dieser Beachtung der Zeit gehört noch etwas anderes: nicht nur das Richtige zu tun, sondern es auch im richtigen Augenblick zu tun. Für alles gibt es eine Zeit und eine Unzeit, Augenblicke, in denen alles leicht gelingt, und solche, in denen es schwer geht. Wenn der Mann müde nach Hause kommt, sollte ihn die Frau nicht gleich mit einer großen Rechnung und der Mitteilung überfallen, die Miete habe aufgeschlagen. Und wenn sich die Frau gerade über ein neues Halstuch freut, sollte sie der Mann nicht gleich mit der Bemerkung frustrieren, sie wollten jetzt wirklich anfangen zu sparen und sich auf das Allernotwendigste zu beschränken. Wenn der Mann hinter einem schwierigen Brief sitzt, oder wenn die Frau eben daran ist, die Maschen des angefangenen Pullovers zu zählen, dann kann auch die herzlichste Liebesbezeugung des Partners unter Umständen eine unfreundliche Reaktion auslösen. Ebenso geht es auch im Großen darum, den richtigen Zeitpunkt für unser Tun zu finden. Die Zeit gehört Gott; er allein kennt ihre Gestalt, und er allein kann uns den Kairós zeigen, den von ihm geschenkten Augenblick. Wenn wir lernen, solche Augenblicke (»Sternstunden«) wahrzunehmen, wird das ganze Leben fruchtbarer, lustvoller und leichter. (Vgl. darüber mein Buch »Zeit haben und frei sein«.)

Nachkommenschaft

Die Fortpflanzung der eigenen Existenz in den Kindern ist die Antwort des Lebens auf das Gesetz des Todes. Alle Einzelwesen sind dem Zerfall und der körperlichen Vernichtung geweiht; das gehört zum Wesen organischen Lebens. Durch die Bildung neuer Lebewesen wird jedoch die Jugend immer wieder erneuert und das Leben erhalten. Zur Erschaffung eines solchen neuen Wesens ist biologisch die Vermischung zweier verschiedener Individuen notwendig. So ist die Fortpflanzung des Lebens in eine neue Generation und zugleich seine Vervollkommnung durch immer neue Kombinationen von Eigenschaften der biologische Sinn der Sexualität. Wir sahen jedoch bereits im ersten Kapitel, daß bei höher entwickelten Tieren und in ganz besonderer Weise beim Menschen die Beziehung der beiden Geschlechtspartner, die Bildung eines *Paares,* zu einer ebenso wichtigen Funktion der Sexualität geworden ist. Das Paar bildet den Grundstock der Familie und damit auch der Gesellschaft. Der Geschlechtstrieb, der Mann und Frau zusammenführt und beiden Lust aneinander verschafft, steht also nicht nur im Dienst der Fortpflanzung, sondern dient auch der Paarbildung, und diese bleibt auch in den Fällen sinnvoll, in denen aus irgendeinem Grunde eine Fortpflanzung nicht erfolgen kann oder soll.

Befruchtung und Vererbung

Zunächst müssen wir uns darüber klar werden, was eigentlich die Eltern ihren Kindern weitergeben. Man kann das Leben definieren als ein Kraft- und Stoffgleichgewicht innerhalb eines geschlossenen Systems, das man als Organismus bezeichnet. Sämtliche Kennzeichen und Eigenheiten eines solchen Organismus werden von einer Generation auf die nächste weitergegeben, *vererbt.* Diese Weitergabe des Lebens und seiner individuellen Eigenheiten erfolgt bei allen höheren Organismen in der Weise, daß je eine mütterliche oder Eizelle und eine väterliche oder Samenzelle miteinander verschmelzen und so eine neue Zelle bilden, aus der sich der kindliche Organismus dann entwickelt. Diese Verschmelzung, genauer gesagt: das Eindringen der väterlichen Samenzelle in die mütterliche Eizelle, nennt man *Befruchtung.* Der Akt hingegen, durch den der Mann seinen Samen in den weiblichen Organismus einführt, wird als Coitus (Begattung) bezeichnet.

Jedes neu gezeugte Individuum besitzt demnach die Erbeigenschaften sowohl des Vaters wie der Mutter und kann diese dann einer weiteren Generation übermitteln, wenn es sich abermals mit einem andern Individuum derselben Art paart. Die Erbeigenschaften oder das Erbgut jedes Individuums steuert nicht nur seine jetzt in Erscheinung tretenden *(= phänotypischen)* Eigenschaften, sondern auch alle potentiellen, von den Vorfahren wohl als Möglichkeiten übernommenen, aber in diesem Einzelleben nicht in Erscheinung tretenden *(= genotypischen)* Erbeigenschaften. Aufbewahrt wird das Erbgut in den *Chromosomen,* fadenförmigen Gebilden, die in jedem Zellkern enthalten sind. In den Chromosomen befinden sich in streng geordneter Reihenfolge die Träger der einzelnen Erbeigenschaften, die *Gene,* Riesen-

moleküle der sogenannten Desoxyribonukleinsäure (abgekürzt DNS). Jedes Gen besitzt die Fähigkeit, sich selbst zu
verdoppeln, also ein gleiches Molekül mit gleichem Aufbau
hervorzubringen. Mit anderen Worten: Das einzelne Gen
ist gewissermaßen die Matritze, in der die Moleküle der
lebendigen Substanz geprägt werden, die allmählich den so
und so beschaffenen Organismus aufbauen. Die Struktur eines
solchen Moleküls ist so kompliziert, daß alle überhaupt
möglichen Variationen aus seinen Elementen eine 87stellige
Zahl ergäben! Das vermittelt eine Vorstellung von der
praktisch unendlichen Vielfalt der lebendigen Substanz und
der von ihr gebildeten Individuen.

Im allgemeinen entspricht jedem Gen eine bestimmte Erb-
eigenschaft wie z. B. die Augen- oder Haarfarbe, die Blutgruppe, das absolute Musikgehör oder auch eine bestimmte
Krankheit. Es kommt aber auch vor, daß eine bestimmte
Eigenschaft vom Zusammenwirken verschiedener Gene ab-
hängt, oder daß umgekehrt die Veränderung eines Gens
verschiedene Eigenschaften beeinflußt. Ein einzelnes Gen
kann durch Veränderungen an einem oder an mehreren der
es konstituierenden Atome umgewandelt werden und eine
ganz neue, in der Stammesgeschichte bisher unbekannte
Eigenschaft hervorrufen *(Mutation)*. Solche Mutationen können einen Fortschritt bedeuten und spielen wahrscheinlich
eine Rolle in der aufsteigenden Entwicklung der Arten; sie
können jedoch auch eine Krankheit oder Mißbildung bewirken, was namentlich unter dem Einfluß von Röntgen-
und Radiumstrahlen oder von Neutronen bei einer Kern-
explosion der Fall zu sein scheint.

Bevor wir uns vergegenwärtigen, was bei der Befruchtung
im einzelnen vor sich geht, noch ein Wort zur Geschlechtsbe-
stimmung. Von den 23 Chromosomenpaaren des Menschen
enthalten 22 Paare jeweils ähnlich gebaute Chromosomen,
während die des letzten Paares, die sogenannten Geschlechtschromosomen X und Y, sich deutlich voneinander unterscheiden. Männer haben ein X- und ein Y-Chromosom,
Frauen dagegen zwei X-Chromosomen. Trifft nun bei der

Befruchtung ein X- auf ein Y-Chromosom, so entsteht ein Junge, treffen zwei X-Chromosomen aufeinander, entsteht ein Mädchen. Die Entscheidung über das Geschlecht eines Kindes fällt also bereits im Augenblick der Befruchtung.

Vor der eigentlichen *Befruchtung*, d. h. der Verschmelzung von mütterlicher Eizelle und väterlicher Samenzelle, haben sich die Chromosomenpaare getrennt, so daß die Keimzellen jetzt nur noch die halbe (haploide) Anzahl von Chromosomen enthalten, also jeweils 23 (darunter *entweder* ein X- oder ein Y-Chromosom). Bei der Befruchtung legen sich die einander entsprechenden Chromosomen, also die Paarlinge aus einer mütterlichen und einer väterlichen Zelle, eng aneinander und tauschen ihre einander korrespondierenden Gene *(Allele* genannt) aus. In der befruchteten Keimzelle besteht von jetzt an, wie in allen übrigen Körperzellen, die volle (diploide) Chromosomenzahl von 46 (darunter entweder 2 X- oder ein X- und ein Y-Chromosom). Wichtig ist nun, daß für jedes einzelne Erbmerkmal *zwei* allele Gene einander gegenüberstehen, eines von der Mutter und eines vom Vater, und es fragt sich, in welcher Weise diese erstens das soeben entstandene Kind und zweitens dessen Nachkommenschaft beeinflussen. Wir müssen nämlich unterscheiden zwischen den im Kind sichtbar zum Ausdruck kommenden Erbmerkmalen (Phaenotyp) und den nur in seiner Erbanlage unsichtbar vorhandenen Erbfaktoren (Genotyp), die erst in einer späteren Generation sichtbar zum Ausdruck kommen. Wenn beide allele Gene einander gleich sind, z. B. auf beiden Seiten Blutgruppe A, nennt man die Anlage *homozygot* (gleicherbig); sind sie dagegen verschieden, z. B. mütterliche Blutgruppe A, väterliche Gruppe B, heißt die Anlage *heterozygot* (mischerbig).

Die Kombination der beiden elterlichen Gene erfolgt vor allem in zwei Formen: Entweder entsteht im Phaenotyp des Kindes eine Mischung beider Eigenschaften (intermediäres Verhalten) z. B. Blutgruppe AB, oder die eine Anlage überwiegt, und die andere tritt zunächst nicht in Erscheinung. Man nennt die überwiegende Anlage *dominant*, die im

Phaenotyp nicht sichtbare, zurücktretende Anlage *rezessiv*. Im Genotyp, also für spätere Generationen, bleibt jedoch die rezessive Anlage bestehen. Diese rezessiven Gene — es kann sich z. B. um ein Talent oder um eine Krankheitsanlage handeln — sind deshalb besonders wichtig, weil sie, durch mehrere Generationen vom entsprechenden dominanten Gen (Allel) überdeckt, plötzlich bei einem Urenkel phaenotypisch in Erscheinung treten können, wenn sie einmal mit einem gleichen rezessiven Gen zusammentreffen.

Die Wahrscheinlichkeit, daß eine rezessive Erbanlage bei den Kindern in Erscheinung tritt, also phaenotypisch wird, hängt von der Erbanlage des Partners ab. Kommt dieses rezessive Gen in seiner Familie ebenfalls vor und trägt er es genotypisch in sich, dann können beide rezessiven Gene homozygot zusammentreffen und beim Kind phaenotypisch in Erscheinung treten. Deshalb ist es wichtig, beim Vorliegen einer rezessiven Krankheit (z. B. Schwerhörigkeit oder Schizophrenie) in der einen Familie darauf zu achten, ob die gleiche Anlage auch in der anderen Familie vorkommt. Besonders wichtig ist diese Frage bei *Verwandtenehen*. Hier kommt es darauf an, ob Erbkrankheiten bei den *gemeinsamen* Ahnen vorgekommen sind. Wenn ja, dann ist die Wahrscheinlichkeit, daß die beiden Blutsverwandten miteinander kranke Kinder erzeugen, erhöht. Sind dagegen überhaupt keine Erbkrankheiten bekannt oder solche nur bei den *nicht*-gemeinsamen Ahnen, dann ist die Wahrscheinlichkeit von kranken Kindern nicht größer als bei Nicht-Verwandten.

Die Rolle der Vererbung bei Krankheiten ist sehr mannigfaltig. Es gibt reine Erbkrankheiten wie etwa die Kurzsichtigkeit, die Bluterkrankheit, gewisse Formen von Zuckerkrankheit oder Schwachsinn; anderseits gibt es Krankheiten, die von der Erbanlage weitgehend unabhängig sind, wie etwa der Schnupfen oder die Masern. Bei den meisten Krankheiten wirken verschiedene Faktoren zusammen: Bei der Epilepsie oder der Schizophrenie ist die Erbanlage wichtig, aber Infektionen, Verletzungen oder frühkindliche Erlebnisse können zu ihrer Auslösung wesentlich beitragen. Umgekehrt steht bei der Tuberkulose die Infektion wohl im Vordergrund, aber ihre Lokalisation und der Verlauf der Krankheit werden oft stark von Erbfaktoren bestimmt.

Wenn eine geplante Heirat wegen eines Falles von Erbkrankheit in der Familie in Frage gestellt wird, tut man gut daran, einen in Erbfragen kompetenten Arzt zu konsultieren, dem man einen möglichst vollständigen Stammbaum (auch der gesunden Glieder) *beider* Familien vorlegt. Für die Beurteilung besonders wichtig ist die etwas unbestimmte Gruppe der »Psychopathen«, zu der die meisten chronischen Alkoholiker, Unsteten, Eigenbrötler und Verbrecher gehören. Ihr Verhalten wird gewöhnlich als »Eigenheit«, »Originalität« oder »persönliche Entgleisung« bagatellisiert, und man erkennt zu wenig, daß es sich um eine richtige Erbkrankheit handeln kann, zumal dann, wenn mehrere solche Fälle in einer Sippe vorkommen. Je häufiger die Fälle und je näher die Verwandtschaft, desto größer die Gefahr. Umgekehrt haben *erworbene* Krankheiten wie Kinderlähmung oder Parkinsonismus keinen Einfluß auf die Nachkommenschaft.

Es ist wichtig, sich über die Vererbung genau zu unterrichten; denn nur dadurch kann man die weitere Verbreitung von Erbkrankheiten eindämmen. Andererseits darf man auch nicht in Überängstlichkeit verfallen, sondern muß versuchen, das Risiko quantitativ einzuschätzen. Einer der bedeutendsten Erbforscher, PROF. O. VON VERSCHUER, sagt dazu: »Die erbliche Veranlagung enthält Möglichkeiten der Entwicklung, die Umwelt realisiert *eine* dieser Möglichkeiten. Bei eineiigen Zwillingen läßt sich die Breite der genetisch bedingten Reaktionsnorm für die einzelnen Eigenschaften bestimmen. Dies gilt immer nur für die körperliche und geistig-seelische Konstitution. Das daraus resultierende Handeln jedoch kann nicht biologisch, auch nicht genetisch absolut, sondern nur relativ determiniert sein. Der Mensch ist nicht (im Gegensatz zum Tier) Objekt der aus Erbe und Umwelt kommenden Determinierungen. Als Subjekt ist ihm vor jeder Handlung eine Entscheidungsmöglichkeit gegeben ... Durch die Feststellung eines Anteils der erblichen Veranlagung an der Entstehung einer Anomalie ist die Verantwortung des Betroffenen nicht aufgehoben.« Zur weiteren Orientierung ist das Buch von H. NACHTSHEIM, »Kampf den Erbkrankheiten« sehr hilfreich.

Heute neigt man dazu, der Erziehung, besonders in den ersten Lebensjahren, eine mindestens ebenso große Rolle beizumessen wie der Vererbung. Mangelnde Zärtlichkeit und Geborgenheit, namentlich seitens der Mutter, lösen beim Kind ein Verlassenheitsgefühl aus, das sich über das ganze Leben auswirken kann. Umgekehrt kann eine liebevolle und zugleich konsequente Erziehung (ohne Verwöhnung!) auch eine schwierige Erbanlage unter Umständen wettmachen, indem sie sie positiv verwertet, anstatt sie zur Krankheit ausarten zu lassen. Es geht nicht darum, sich über eine Erbanlage leichtsinnig oder hochmütig hinwegzusetzen, sondern darum, die positiven Möglichkeiten, die uns gerade für diese konkrete Situation offenstehen, zu erkennen. Es kann freilich sein, daß eine dieser Möglichkeiten den freiwilligen Verzicht auf Kinder bedeutet.

In diesem Zusammenhang noch ein Wort zur Bedeutung des *Rhesusfaktors* (Rh). Ungefähr 16 % aller Menschen sind »rhesusnegativ« (rh—), 84 % »rhesuspositiv« (rh+). Wenn nun eine rh— Frau von einem rh+ Mann ein Kind erwartet, so kann dieses wie der Vater rh+ oder wie die Mutter rh— sein. Im ersten Fall *kann* unter Umständen dieses rh+ Blut des Kindes bei der Mutter »Antikörper« hervorrufen, d. h. Abwehrsubstanzen, welche die Fähigkeit besitzen, rh+ Blut zu zersetzen. In diesem Fall ist die Mutter, wie man sagt, gegen rh+ »sensibilisiert«. Bekommt nun diese sensibilisierte Mutter ein zweites Kind, das wie das erste rh+ ist, dann *können* die mütterlichen Antikörper das Blut dieses Kindes zersetzen, so daß es vor oder bei der Geburt zu einer schweren Gelbsucht mit Zerstörung der roten Blutkörperchen kommt (nicht zu verwechseln mit der normalen Gelbsucht der Neugeborenen), an der das Kind sterben kann. Heute kann man diese Gelbsucht durch sofortigen Blutaustausch meistens doch noch beheben.

Aus dem Gesagten ergibt sich, daß Schädigungen durch den Rhesusfaktor nur erfolgen können:

▶ wenn eine rh— Frau von einem rh+ Mann schwanger wird (nicht umgekehrt),

▶ wenn frühere Kinder ebenfalls rh+ sind,

▶ wenn die Mutter dadurch sensibilisiert wurde.

In den weitaus meisten Fällen von Ehen zwischen rh— Frauen und rh+ Männern — es gibt deren Millionen — passiert nichts; häufen sich die ungünstigen Umstände, kann allerdings der schwere Schaden entstehen. Bei der Seltenheit der Unfälle kann man jedoch nicht grundsätzlich allen rh— Mädchen abraten, einen rh+ Mann zu heiraten. Wenn hingegen eine sensibilisierte rh— Mutter einmal ein Kind an Gelbsucht verloren hat, dann ist die Wahrscheinlichkeit groß, daß es dem nächsten ähnlich ergehen wird, sofern es nicht sofort nach der Geburt in einem Krankenhaus die nötige Blutaustauschtransfusion erhält. In diesem Falle ist eine vollständige Heilung des Kindes möglich. Tatsächlich sind die Verhältnisse noch komplizierter, als sie hier dargestellt werden können.

In letzter Zeit ist es möglich, durch Injektion kleiner Dosen von Antikörpern bei der Mutter die Bildung starker und damit schädlicher Anti-Rhesus Antikörper zu verhindern. Hier ist der Arzt zu befragen.

Schwangerschaft und Geburt

Es gibt kaum eine größere Verantwortung auf Erden als die einer Mutter, die ihr Kind neun Monate lang in sich trägt; denn Wohl und Wehe eines Menschenlebens hängen weitgehend von ihr ab. Fügen wir aber gleich hinzu: Es ist die Verantwortung des Paares; denn die Haltung der Mutter hängt stark von der des Vaters ab.

Die Schwangerschaft ist keine Krankheit; deshalb soll die werdende Mutter an ihrer gewohnten Lebensweise möglichst wenig ändern. In den ersten drei Monaten ist das Kind noch nicht sehr fest verankert, so daß heftige Erschütterungen wie Springen, Reiten, holprige Wagenfahrten, aber auch seelische Erschütterungen oder Allgemeininfektionen eine Fehlgeburt (Abortus) bewirken können. Entsprechend veranlagte Frauen werden hier also vorsichtig sein. Gegen die morgendliche Übelkeit, die bisweilen auftritt, sind verschiedene Mittel empfehlenswert; man befrage deshalb den Arzt. Eine unbewußte innere Abwehr gegen das Kind (oder gegen den Mann oder gegen das Frausein) kann, muß aber nicht, diese Übelkeit mitbedingen. Die werdende Mutter kann sich, auch wenn sie sehr leidet, damit trösten, daß die Beschwerden fast immer während des vierten Monats verschwinden und oft einem besonderen Wohlbefinden Platz machen. Man weiß heute, daß nicht nur Infekte wie Röteln und andere Viruskrankheiten in den ersten Schwangerschaftsmonaten auf das Kind schädlich wirken können, sondern auch Alkohol in größeren Mengen und manche Medikamente (Contergan). Deshalb größte Vorsicht, eventuell den Arzt befragen! Für viel körperliche Bewegung in frischer Luft zu sorgen, ist selbstverständlich.

Der Geschlechtsverkehr kann während der Schwangerschaft ohne weiteres fortgesetzt werden. Vorsichtshalber wird man ihn in den letzten vier bis sechs Wochen vor der Geburt und ebensolange nach der Geburt unterlassen, um das Eindringen von Bakterien in die Geburtswege, die ein Kindbettfieber erzeugen könnten, möglichst zu verhindern. Auch Sitz- und Vollbäder sind in dieser Zeit zu vermeiden.

Viele Frauen fühlen sich während der Schwangerschaft besonders glücklich, andere werden empfindlich oder auch leicht depressiv. Deshalb wird sich der Ehemann in dieser Zeit ganz besonders bemühen, seiner Frau in jeder Weise beizustehen und ihr das Gefühl der Geborgenheit zu geben. Sicher wird ihm das nicht immer ganz leichtfallen, weil seine Frau in den letzten Monaten körperlich etwas entstellt und seelisch anfälliger ist, und weil er sich in dieser Zeit sexuell beherrschen muß. Jetzt ist die Gelegenheit oder nie, zu beweisen, daß er selbstloser Liebe fähig ist. Manche Frau hat gerade in dieser Zeit ihre Achtung vor ihrem Mann und damit auch ihre Liebe zu ihm verloren. Die Frau soll ihrerseits Rücksicht nehmen auf die oft etwas gespannte Stimmung des Mannes und sich ja nicht vernachlässigen und gehen lassen. Und wenn das Kind da ist, soll sie nicht ihre ganze Aufmerksamkeit und Zärtlichkeit diesem zuwenden und ihren Mann zurückstellen, wie das oft geschieht. Der Mann, der sich zu Recht oder zu Unrecht vernachlässigt vorkommt, kann — so merkwürdig das klingen mag — auf sein Kind eifersüchtig werden und sich sogar durch Untreue an der Frau rächen wollen. Die kluge Gattin wird ihren Mann möglichst weitgehend in ihre Mutterfreude einbeziehen. Ein sehr männlicher Mann sagte einmal, während der Geburt und im Wochenbett könne in jedem Mann eine mütterliche Ader geweckt werden, die ihn tief befriedige, so daß er seiner Frau und dem Kind gegenüber nicht nur väterlich, sondern eben auch »mütterlich« zu sein vermag. Es ist durchaus nicht unmännlich, wenn ein Mann seiner Frau als Pfleger beisteht, wenn er das Kind badet und in Windeln einpackt. Ebensowenig schließt die neue mütterliche Zärtlichkeit der Frau die erotische dem Mann gegenüber aus.

Zu Beginn der Schwangerschaft sollte die werdende Mutter

einen Arzt aufsuchen, um kontrollieren zu lassen, ob alles in Ordnung ist und allgemeine Verhaltensmaßregeln entgegenzunehmen. Insbesondere sollte sie auch Kurse für Schwangerschaftsturnen und Entspannungsübungen besuchen, wie sie jetzt überall abgehalten werden. Derartige Übungen helfen nicht nur die Schwangerschaft wesentlich zu erleichtern und Krankheiten wie Krampfadern und Thrombosen zu vermeiden, auch die Geburt selbst wird durch sie, wenn auch nicht ganz schmerzlos, so doch außerordentlich viel leichter und wohl auch komplikationsloser gemacht. Daß eine Erstgebärende einen Säuglingspflegekurs besuchen wird, ist eigentlich selbstverständlich. Nicht so selbstverständlich, aber beinahe ebenso wichtig ist, daß auch werdende Väter Säuglingspflegekurse besuchen, wie sie neuerdings speziell für sie veranstaltet werden. Die dort vermittelten Kenntnisse bedeuten nicht nur für die Mutter eine fühlbare Hilfe, sondern bewirken auch, daß sich der Vater nicht mehr »vernachlässigt« und »ausgeschlossen« vorkommt, sondern von Anfang an, zusammen mit seiner Frau, mit dem Kind vertraut wird. Ein ganz ausgezeichnetes Buch über die Hilfe, die ein Mann während der Schwangerschaft, während der Geburt und nachher seiner Frau bringen kann, schrieb W. H. GENNÉ, »Ich werde Vater — was nun?« Man möchte es jedem jungen Vater in die Hand drücken. Für die Frau sind besonders empfehlenswert: MARIELENE LEIST, »Wie Malchen geboren wurde«, DAGMAR LIECHTI-V. BRASCH, »Gesunde Schwangerschaft — Glückliche Geburt«, L. PERNOUD, »Ich freue mich auf mein Kind«. Einzigartige Photos über die Entwicklung des Kindes im Mutterleib gibt G. L. FLANAGAN, »Die ersten neun Monate des Lebens«, RISCH, EDITH, »Körperschulung der Mutter während Schwangerschaft und Rückbildung«. Zürich, Bircher-Benner-Verlag.

Unfruchtbarkeit

Wenn in einer Ehe trotz normalem Verkehr keine Kinder entstehen, können verschiedene Störungen vorliegen.

Grobe Ursachen bei Mann und Frau sind der Verschluß der Samen- bzw. Eileiter durch Entzündungen. Bei der Frau können die Eileiter vielleicht auch nur leicht verklebt sein, was durch einen kleinen Eingriff, die Tubendurchblasung, behoben werden kann.

Die Unfruchtbarkeit kann aber auch auf allgemeinen Einflüssen beruhen wie Stoffwechselstörungen, Vitaminmangel, Infantilismus usw. Gewisse Gifte, insbesondere das Nikotin, scheinen die Fruchtbarkeit zu stören. Die psychische Einstellung der Frau spielt für die Empfängnis ebenfalls mit. Der Orgasmus ist dazu nicht unbedingt notwendig, wie die vielen frigiden Mütter beweisen, aber er scheint doch die Empfängnis zu fördern. Außerdem gibt es Frauen, bei denen eine Empfängnis durch unbewußte Einstellungen verhindert wird. Selbst nach jahrelanger Sterilität können sie jedoch durch eine Psychotherapie Mütter werden (Schwöbel und Winzeler).

Schließlich gibt es Menschen, die an und für sich fruchtbar wären, aber aus irgendeinem Grunde miteinander keine Kinder haben können. Es scheint sich um so etwas wie eine gegenseitige Immunität zu handeln.

Von entscheidender Wichtigkeit ist aber auch die Wahl des Empfängnistages. Ich werde auf dieses Problem im nächsten Abschnitt ausführlicher eingehen.

Die Behandlung der Unfruchtbarkeit erfordert eine genaue Untersuchung nicht nur der Frau, sondern auch des Mannes, mindestens die mikroskopische Untersuchung seines Samens. Denn das Hindernis liegt ungefähr ebenso häufig beim Mann wie bei der Frau. In jedem Fall wird man auch die psychische Einstellung der Frau zu ihrem Mann und zum Kind in

Betracht ziehen. Es gibt Ärzte, die auf die Behandlung der Unfruchtbarkeit spezialisiert sind, und es lohnt sich, hier gründlich vorzugehen.

Vor eigenmächtigen oder laienhaft angepriesenen Kuren mit Hormonen oder andern Mitteln ist zu warnen. Sie können unter Umständen die Bildung von Samen- und Eizellen sogar hemmen.

Je länger die Unfruchtbarkeit anhält, desto mehr wird sich das betreffende Ehepaar auf Kinderlosigkeit einstellen müssen. Eine mutig angenommene Kinderlosigkeit und Hinwendung auf andere Aufgaben kann für ein Paar durchaus segensreich werden. Wenn jedoch, insbesondere von der Frau, Kinder sehnlichst erwünscht werden, und auch die erforderlichen elterlichen Qualitäten vorhanden sind, so ist die natürlichste Lösung die Annahme eines elternlosen oder verlassenen Kindes. Ich kenne eine Reihe sehr glücklicher Adoptiveltern, ganz zu schweigen vom Segen, der dadurch dem Kind zuteil wird. Nie darf aber ein Kind — ein angenommenes oder ein eigenes — bloß »Mittel zum Zweck« der Befriedigung der Mutter sein.

Für Frauen, die an sich fruchtbar wären und alle Eigenschaften einer guten Mutter besitzen, aber unbedingt ein eigenes Kind haben möchten, gibt es noch eine andere Lösung. Wenn es sich um ein tiefes und nicht anders zu stillendes Bedürfnis handelt, kann man die Möglichkeit einer *künstlichen Befruchtung* (Artifizielle Insemination = A.I.) diskutieren. Sie besteht darin, daß mit einer Spritze Samen in den Gebärmutterhals eingeführt wird. Stammt dieser vom Ehemann (wenn er wegen irgendeiner Mißbildung einen fruchtbaren Coitus nicht ausführen kann), spricht man von *homologer* A.I., kommt er von einem andern, der Frau gewöhnlich unbekannt bleibenden Mann (Donor), redet man von *heterologer* A.I. Ist gegen die erste nicht viel einzuwenden, so erheben sich gegen die zweite große Bedenken verschiedener Art:

▶ für die Ehe: Wird die Frau vom Gedanken an den unbekannten Vater nicht fasziniert? Wird ihr Mann nicht eifersüchtig auf den Vater ihres Kindes? Wird in diese

Ehe nicht ein wesentliches ehefremdes Element hinein-
getragen?
▶ für das Kind: Gewöhnlich wird die A.I. dem Kind ver-
schwiegen; setzt man damit in die Beziehung nicht von
Anfang an eine Lüge? Wenn man es ihm aber sagt,
gefährdet man nicht seine Beziehung zum »Vater«? Ist
dieser erblich belastet und fürchtet das Kind, ihm zu
gleichen, dann liegt es nahe, ihm die Wahrheit zu sagen.
▶ eugenisch: In den USA, wo die A.I. sehr häufig ausgeführt
wurde, fürchtet man bereits, es könnten zwei Kinder des-
selben Donors, ohne von ihrer Verwandtschaft zu wissen,
einander heiraten.
▶ für den Donor: Ist es nicht eine etwas zweifelhafte Situation, seinen Samen zur Zeugung von Kindern zu ver-
kaufen, die man nie als solche sehen wird?
Die wesentlichen Argumente gegen die A.I. sind in dem Buch
von BLOEMHOF »Künstliche Befruchtung. Ausweg oder Gefahr?« sehr gut zusammengestellt und diskutiert.
Persönlich kenne ich lediglich zwei Fälle von heterologer A.I.,
beide ohne Komplikationen. Deshalb kann ich nicht aus
eigener Erfahrung reden. Aber ich muß gestehen, daß mich
die Argumente von Bloemhof und anderen Theologen nicht
restlos davon überzeugen können, daß die A.I. *immer* ab-
zulehnen sei. Die Kritiker scheinen mir das stoffliche Element
des Vater*werdens* gegenüber dem seelisch-geistigen Vater*sein*
zu überbewerten. Stößt man sich nicht auch zu sehr am
»Technischen« der A.I., wo doch ein LUTHER der Frau eines
»untüchtigen« Mannes ruhig empfahl, »mit seinem Bruder
oder nächsten Freunde eine heimliche Ehe zu haben«? (Pre-
digt vom ehelichen Leben 1522.) Offen gestanden finde ich
diesen Rat viel bedenklicher. So scheint mir das Problem der
A.I. noch einer weiteren vorurteilslosen Diskussion anhand
möglichst vieler konkreter Erfahrungen zu bedürfen. Sehr
wichtig sind hier die Arbeiten von JOEL mit praktischen
Erfahrungen. Die A. I. ist keine Normallösung tur unfruchtbare Ehen, in manchen Fällen aber doch ernstlich zu erwägen.

Empfängnisregelung

Das Gegenstück zur Unfruchtbarkeit bildet die Gefahr einer zu zahlreichen Familie. Obwohl es nach wie vor noch Familien mit zehn und mehr Kindern gibt, die von allen Gliedern als Segen empfunden werden, bilden diese Familien heute doch wohl die Ausnahme, nicht weil die heutigen Menschen »egoistischer« oder »genußsüchtiger« wären als die früheren, sondern weil sich die biologischen, psychischen und gesellschaftlichen Bedingungen tiefgreifend verändert haben. Infolge dieser Veränderungen stellt sich für viele Ehepaare heute das Problem der Empfängnisregelung.

Daß dieses Problem jetzt so akut geworden ist wie nie in der Vergangenheit, beruht auf folgenden Gründen:

▶ Rückgang der Säuglingssterblichkeit. 1970 starben $1/70$ aller Lebendgeborenen, 1871 $1/5$, in früheren Jahrhunderten die Hälfte. In 100 Jahren ist die Säuglingssterblichkeit vierzehnmal kleiner geworden.

▶ Höhere Einschätzung des mütterlichen Lebens. Tod infolge der Geburt oder dadurch bedingtes Siechtum waren früher viel häufiger.

▶ Andere soziale Struktur. Beim Landwirt oder Handwerker bedeuten Kinder Arme, die helfen können; beim Fabrikarbeiter und Angestellten bedeuten Kinder eine wirtschaftliche Belastung.

▶ Höhere Ansprüche an die Erziehung. Jedes Kind beansprucht heute seine Eltern nach Kraft, Zeit und Geld weit stärker als früher.

▶ Größere Bedeutung der Ehegemeinschaft. Die seelische Gemeinschaft zwischen Mann und Frau — und wäre es nur Kameradschaft — spielt heute eine viel größere Rolle als früher und entzieht der rein mütterlichen Funktion der Frau dementsprechend Kraft und Zeit.

► Ein neues Selbstverständnis der Frau, die nicht in ihrer Mutterrolle aufgehen will — diese nimmt sie auch unter den neuen Verhältnissen weniger total in Anspruch —, sondern daneben oft eine berufliche oder andere Tätigkeit ausübt.

Zu diesen durchaus positiven Faktoren kommt nun in den wirtschaftlich schwachen Klassen der elementare Daseinskampf, vor allem die Wohnungsnot, in den Mittelschichten die Angst vor der Proletarisierung, in allen Klassen außerdem die größeren Ansprüche an das Leben. Man mag es bedauern oder nicht, doch die zahlreiche Nachkommenschaft hat heute nicht mehr die gleiche ideologische Bedeutung wie in alttestamentlicher Zeit.

Verändert hat sich vor allem die Dynamik der Weltbevölkerung. Durch die allgemeine Verbesserung der Hygiene ist der Geburtenüberschuß heute sehr viel größer als früher: Während die Weltbevölkerung von 1600 bis 1830 230 Jahre brauchte, um sich zu verdoppeln, brauchte sie zu einer weiteren Verdopplung nur 100 Jahre. Heute rechnet man dafür nur 39 Jahre, so daß zwischen 1900 und 2000 die Bevölkerung der Erde ungefähr um das Vierfache gestiegen sein wird. Nach der neuesten Statistik der UNO hat die Weltbevölkerung von Mitte 1965 bis Mitte 1966 täglich um 167 000 Menschen zugenommen (nach NACHTSHEIM). Das macht sich vor allem in den Entwicklungsländern fühlbar, wo die Sterberate sehr rasch gesunken ist, die Geburtenrate aber meist über 40 oder gar 60 pro Tausend liegt (in Europa um 19). Alle diese Gründe machen heute, vor allem in den Entwicklungsländern, eine angemessene und verantwortungsbewußte Regelung der Empfängnis zur unumgänglichen Notwendigkeit. Sie ist die natürliche Entsprechung der Verlängerung des Lebens. (In Indien betrug die mittlere Lebenserwartung 1948 27 Jahre, 1965 48 Jahre, 1975 wird sie voraussichtlich 60 Jahre betragen.)

Auf die theologische Diskussion der Empfängnisregelung können wir hier nicht eingehen, es sei nur soviel festgestellt: Sowohl die katholischen wie die protestantischen Theologen

sind sich darin einig, daß die Ehe eine ganzheitliche Person-
gemeinschaft ist, die ihren Sinn in sich selber trägt. Sowohl
die Liebe wie die Fruchtbarkeit sind dieser Ganzheit als
Gnade geschenkt und als Aufgabe gestellt. Dieser Gedanke
wird insbesondere in der Pastoralkonstitution (»Gaudium et
spes«) des 2. Vatikanischen Konzils in den Artikeln 49 und
50 sehr klar ausgedrückt. Wenn nun aus irgendeinem wichtigen Grund auf Kinder vorübergehend oder dauernd verzichtet
werden muß (»Das Urteil darüber müssen die Eheleute letzt-
lich selbst fällen«, heißt es in der Pastoralkonstitution), dann
bleiben die Geschlechtsbeziehungen in der Ehe als Ausdruck
der Liebe dennoch sinnvoll, und die Empfängnis darf auf
die Weise verhütet werden, die dem Einzelfall am besten
angepaßt erscheint. Die Enzyklika »Humanae vitae« vom
25. 7. 1968 vertritt wieder einen konservativeren Standpunkt,
aber sie wird von maßgebenden katholischen Theologen und
Ärzten entschieden kritisiert. (Darüber insbesondere: FRIED-
RICH VON GAGERN, »Dynamische Ehemoral gegen altes Gesetz«.)
Nun wenden wir uns den praktischen Möglichkeiten der Empfängnisverhütung zu und beurteilen sie nur nach ihrer Wirk-
samkeit und ihren allfälligen Nachteilen.
1. Die vielleicht am häufigsten praktizierte Methode ist der
Coitus interruptus (unterbrochener Geschlechtsverkehr, »Rück-
zieher«, »Aufpassen«), bei dem der Mann sich aus der Scheide
zurückzieht, bevor es zum Orgasmus und damit zur Ejakulation kommt. Psychologisch ist diese Methode für beide ent-
täuschend, weil gerade der Höhepunkt nicht oder nur getrennt
erlebt wird. Im Ergebnis ist sie am unsichersten, weil der
Erguß, besonders bei wenig Erfahrenen, so rasch eintritt, daß
sie sich nicht mehr zurückziehen können, und auch bei Erfahrenen bisweilen etwas Samen schon vor dem Orgasmus
austritt und eine Befruchtung bewirken kann.
2. *Die Zeitwahl* (Knaus-Ogino-Methode) fußt auf der Tatsache, daß die Empfängnis normalerweise nur an dem Tag
stattfinden kann, an dem sich das Ei aus dem Eierstock löst
(Eisprung oder Ovulation). Das ist im allgemeinen *am 14.*

Tag vor der nächsten Periode der Fall. Da die männlichen Samenzellen 2—3 Tage lebensfähig bleiben, muß eine »Sicherheitszone« um diesen Tag des Eisprungs gewahrt bleiben, das bedeutet einige Tage sexuelle Enthaltung. Nun wissen wir aber nur, daß der Eisprung 14 Tage vor der nächsten Periode eintritt, deren Eintritt jedoch können wir nicht mit Sicherheit im voraus bestimmen. Bei einigen Frauen kommt die Periode ziemlich regelmäßig alle 28 Tage, bei anderen bestehen dagegen von einem Monat zum andern beträchtliche Unterschiede. Um die möglichen Zeiten des Eisprungs zu bestimmen, muß man sich sowohl nach der kürzesten als nach der längsten Zeit richten, die zwischen zwei Perioden beobachtet wurde. Die praktische Regel lautet somit: Während zwei Jahren soll der Eintritt der Periode in einem Kalender genau aufgeschrieben werden. Dann notiert man, wie viele Tage der kürzeste und wie viele Tage der längste Abstand zwischen 2 Perioden zählt. Danach rechnet man in folgender Weise: Vom kürzesten Regelmonat zieht man 19 ab, und man hat den letzten sicher unfruchtbaren Tag gefunden. Vom längsten Regelmonat zieht man 10 ab, und man hat den ersten wiederum sicher unfruchtbaren Tag gefunden. Nehmen wir an, in den 2 Beobachtungsjahren habe der längste Regelmonat 30 Tage gezählt, der kürzeste 26, dann ergibt sich: 26—19=7 und 30—10=20. Somit wären die ersten 7 Tage nach dem Beginn der Periode unfruchtbar und ebenso die Tage vom 20. an. Anders gesagt: vom 8. bis zum 19. Tag nach Beginn der Periode besteht die Möglichkeit einer Empfängnis. Komplizierend kommt noch hinzu, daß Klimawechsel, Krankheiten, ja sogar heftige seelische Erlebnisse den Eisprung beschleunigen oder verzögern können. Deshalb ist auch die oben angegebene Regel nicht absolut sicher. Man rechnet auf 100 Frauen, die die Knaus-Ogino-Methode 1 Jahr lang anwenden, 14 Schwangerschaften, und bezeichnet das als eine Versagerquote von 14 auf 100 Jahre.

3. Eine wesentliche Verbesserung der Zeitwahlmethode bringt die Messung der *Basaltemperatur* und Beobachtung des *Schleimabgangs* aus der Scheide. Mißt man jeden Morgen

unmittelbar nach dem Aufwachen die Temperatur mit einem gewöhnlichen Fieberthermometer (mindestens 5 Minuten im Darm), stellt man fest, daß diese unmittelbar nach dem Eisprung um 0,4—0,6 Grad ansteigt und bis zum Eintritt der neuen Periode auf dieser Höhe bleibt. Diese Temperaturen sind auf einer Kurve oder Tabelle einzutragen, damit man eine Kontrolle bekommt. Mit einiger Übung gelingt es so, den Augenblick des Eisprungs mit großer Wahrscheinlichkeit zu bestimmen. Da die Eizelle nur 36 Stunden am Leben bleibt, kann man annehmen, daß nach der 3. Messung einer erhöhten Temperatur eine Empfängnis nicht mehr möglich ist. Ein weiteres einfaches Mittel, um die Zeit des Eisprungs festzustellen, ist die Beobachtung, daß bei nahendem Eisprung der Scheideneingang etwas feuchter wird, und der Ausfluß (geprüft mit einem Stückchen Toilettenpapier) elastisch und etwas fadenziehend ist. Auch diese Veränderung des Ausflusses wird in die Tabelle eingetragen, und er bestätigt zusammen mit der Temperaturkontrolle, daß der Eisprung wirklich in dieser Zeit stattgefunden hat. Es kann nämlich vorkommen, daß ein Schnupfen oder eine sonstige leichte Infektion einen Temperaturanstieg um ca. 0,5 bewirkt und damit einen Eisprung vortäuscht, wodurch die ganze Berechnung falsch angesetzt wird. Wenn man einige Monate eine Tabelle führt, beide Zeichen beachtet und allenfalls noch den sogenannten »Mittelschmerz« im Unterleib zur Zeit des Eisprungs wahrnimmt, bekommt man einige Sicherheit. In unserem Beispiel würde die Berechnung folgendermaßen ansetzen: In den ersten 7 Tagen nach Periodenbeginn besteht Unfruchtbarkeit, dann folgen die Tage möglicher Empfängnis. Tritt die Temperaturerhöhung schon am 14. Tage ein, so besteht bereits vom 16. Tag an wieder Unfruchtbarkeit, was gegenüber der gewöhnlichen Knaus-Ogino-Regel eine beachtliche Abkürzung der Enthaltungszeit bedeutet. Die Versagerquote soll hier nur 1 auf 100 Jahre betragen.

4. *Ovulationshemmer* (Hormonpillen, »Anti-Baby-Pillen«) wirken auf die Hypophyse (Hirnanhang) ein und blockieren von dort aus die Eireifung. Die verwendeten Hormone sind

Oestrogen (Eibläschen- oder Follikelhormon) und Gestagen (Gelbkörperhormon), je nach Präparat in verschiedenem Verhältnis und miteinander oder nacheinander gegeben. Im allgemeinen wird der 1. Tag der Blutung als Tag 1 gezählt und am Tag 5 die erste Pille eingenommen, von da an regelmäßig jeden Abend bis zum 26. Tag (also 21 Pillen). Dann schaltet man 7 Tage Pause ein, während denen eine »Abbruchblutung« eintritt, in der die Gebärmutterschleimhaut, die normal aufgebaut wurde, wieder abgebaut wird. Es handelt sich hier aber nicht um eine eigentliche Periodenblutung, weil ja kein Ei reif wurde. Wird eines Abends die Pille vergessen, kann sie noch am nächsten Morgen eingenommen werden (und dann wieder am gleichen Abend). Sind hingegen zwischen 2 Pilleneinnahmen mehr als 36 Stunden vergangen, soll man zwar die Pillen weiternehmen, aber die Sicherheit ist für diesen Monatszyklus nicht mehr garantiert, und man muß sich durch ein anderes Mittel zu schützen versuchen. Bei manchen Frauen treten Nebenerscheinungen ein, Übelkeit, Gewichtszunahme, seelische Verstimmungen, verstärkte Neigung zu Thrombosen usw. Außerdem empfinden es manche Frauen als Mangel, daß ihre Stimmung während des ganzen Monatszyklus konstant bleibt und nicht den als bereichernd erlebten Wechsel von Extraversion während des Eisprungs und Introversion während der Periode aufweist. Bei der *Sequens-Methode,* bei der 14 Tage lang Oestrogen-, dann 7 Tage lang Gestagentabletten eingenommen werden, scheinen Nebenwirkungen seltener aufzutreten. Doch versagt diese Methode eher, wenn man die Pilleneinnahme einmal vergißt. Die Sicherheit der Ovulationshemmer ist theoretisch 100%ig; wegen der immer wieder vorkommenden Fehler in der Einnahme rechnet man indessen mit einer praktischen Versagerquote von 0,5—1 auf 100 Jahre. Weil es sich hier um eine noch »junge« Methode handelt, über die man noch zu wenig lang dauernde Erfahrungen besitzt, darf sie nicht ganz willkürlich und ohne Kontrolle angewendet werden; die Pillen sind daher rezeptpflichtig und dürfen nur von einem Arzt verschrieben werden.

Jungen Mädchen, bei denen die Entwicklung noch nicht voll abgeschlossen ist, möchte man sie nicht empfehlen. Außer der Einnahme in Pillenform können die betreffenden Hormone auch intramuskulär gespritzt werden, wodurch, je nach Dosis, eine 1- oder 3monatige Unfruchtbarkeit entsteht. So kommt eine Frau mit 4 Spritzen im Jahr aus. Ein möglicher Nachteil sind unregelmäßige Blutungen, die bisweilen stark werden können. Außerdem scheint die Gebärmutterschleimhaut nach längerem Gebrauch zusammenzuschrumpfen, so daß eine dauernde Sterilität entsteht. Die Spritzenmethode ist also im allgemeinen nur älteren oder solchen Frauen zu empfehlen, die dauernd keine Kinder mehr wünschen. Die *Minipillen* mit einer schwächeren Dosierung haben weniger Nebenwirkungen als die gewöhnlichen, sind aber auch weniger sicher. Sie scheinen noch nicht ganz spruchreif zu sein.

5. *Die »Pille danach« (Morning after-Pille)* enthält die 10 bis 20 mal stärkere Hormondosis als die gewöhnlichen Pillen. Sie kann im allgemeinen die Einnistung des befruchteten Eies verhindern, wenn sie am Morgen nach dem Geschlechtsverkehr eingenommen wird, und noch an den nächsten 4 Tagen je einmal. Für eine längere Behandlung sind diese Pillen aber wegen ihrer hohen Dosierung ungeeignet; vielmehr sind sie nur als *Notlösung* nach einem ganz unerwarteten Coitus oder Vergewaltigung anzuwenden.

6. Man sucht heute auch nach Mitteln, die der *Mann* einnehmen könnte, um die Bildung von Samenzellen zu verhindern. Zur Zeit läßt sich darüber aber noch nichts Sicheres sagen.

7. Ganz anders, als die bisher betrachteten Methoden, wirken die *mechanischen Mittel*, die entweder der Mann oder die Frau anlegen, um den Eintritt von Samenzellen in die Gebärmutter zu verhindern.

a) Das *Kondom* oder Präservativ gleicht einem weiten Gummifingerling, der über das Glied gestülpt wird, wenn dieses steif ist. Es ist in jeder Apotheke, mancherorts auch aus Automaten zu beziehen. Der Nachteil ist, daß es während des Liebesspiels angezogen werden muß und dieses dadurch unter Umständen erheblich gestört wird. Sodann muß ein Abrutschen oder Einreißen vermieden werden. Die Versagerquote wird mit 7 auf 100 Jahre angegeben. Alles in allem doch ein sehr praktisches Mittel.

b) Bei der Frau gibt es *Ringe* (Scheidenokklusivpessare oder Diaphragmen) aus Gummi, die schon vor dem Geschlechtsakt eingelegt und erst einige Zeit nachher entfernt werden können. Die Frau kann sie selbst einführen, aber das erste Mal muß die passende Größe von einem Arzt ausgewählt werden. Die Wirkung ist nur dann einigermaßen sicher, wenn gleichzeitig ein chemisches Mittel angewandt wird (s. unter d) wobei man sich daran erinnern muß, daß dieses nur etwa 6 Stunden lang wirksam bleibt. Die Cervicalkappen (Portiokappen oder Cervixokklusivpessare) bestehen aus Metall oder Kunststoffen und werden vom Arzt direkt auf den Muttermund aufgesetzt. Sie können theoretisch bis zur nächsten Periode sitzen bleiben, verursachen jedoch bisweilen Entzündungen. Die Versagerquote liegt ebenfalls bei 7 auf 100 Jahre.

c) Neuerdings werden, ausgehend von Amerika, *Intrauterinpessare (IUP, in USA IUCD)* empfohlen, das sind verschieden geformte Schleifen oder Spiralen aus Weichplastik oder einem anderen Material, die vom Arzt in die Gebärmutter selbst eingelegt werden und dort fast beliebig lange Zeit liegen bleiben können. Sie verhindern dort nicht die Befruchtung, wohl aber die Einnistung des befruchteten Eies in die Gebärmutter. Dieses Verfahren ist relativ sicher und einfach, aber es können dadurch Reizungen und Infektionen entstehen mit nicht unbedenklichen Folgen, auch kann die Schleife unbemerkt wieder herausrutschen oder auch durch die Gebärmutterwand in die Bauchhöhle eindringen. Man kann es heute deshalb noch nicht ohne weiteres empfehlen. Die Versagerquote soll 2,6 auf 100 Jahre betragen.

d) die *chemischen Mittel* (Zäpfchen, Kugeln, Salben usw.), die entweder Schaum entwickeln oder den Muttermund verschließen, müssen 10—20 Minuten vor dem Geschlechtsakt in die Scheide eingeführt werden. Sie wirken mechanisch als Verschluß und sollen zugleich die Spermien abtöten. Ihre Wirkung ist ungenügend, wenn sie allein verwendet werden, doch bilden sie, kombiniert mit einem der vorerwähnten Mittel, eine Vervollständigung des Schutzes. Nach etwa 6 Stunden sind sie unwirksam. Die Versagerquote wird mindestens 20 auf 100 Jahre betragen.

e) *Scheidenspülungen* unmittelbar nach dem Geschlechtsakt sind höchst unsicher, schon aus dem Grunde, weil die Samenzellen, die in der Nähe des Muttermundes ausgespritzt werden, sofort in die Gebärmutterhöhle eindringen und dort für jede Spülung unerreichbar sind.

Wie man sieht, ist die Wahl eines Verhütungsmittels keine ganz einfache Sache, und man wird sich immer von einem Arzt beraten lassen, wenn einmal der grundsätzliche Entschluß zur Empfängnisverhütung gefallen ist. Es gibt kein Mittel, das in allen Fällen das beste wäre; man muß von Fall zu Fall individualisieren. Junge Ehepaare haben den Vorteil, von Anfang an die Temperaturmethode (Nr. 3) ausprobieren zu können, um ihren besonderen Rhythmus kennen zu lernen. So werden sie von vornherein zwischen den Geburten die wünschbaren Pausen einschalten können und nicht so früh in eine Lage kommen, in der eine weitere Schwangerschaft unbedingt vermieden werden müßte. Im allgemeinen ist es für eine Mutter weniger anstrengend, zwischen 22 und 34 Jahren sechs Kinder zu gebären als zwischen 22 und 26 vier.

Die *Sterilisation,* d. h. die Unterbindung der Eileiter bei der Frau oder Samenleiter beim Mann, ist ein Eingriff, den man sehr genau überlegen muß. Die katholische Kirche verbietet ihn ausdrücklich. Ist er unbedingt angezeigt, sollte er doch bei Menschen, die jünger sind als dreißig Jahre und weniger als drei Kinder haben, nicht vorgenommen werden. Bei der Sterilisation wird nichts herausgenommen — im Unterschied zur Kastration —, so daß die Gefühle genau die gleichen bleiben, vorausgesetzt, daß der Betreffende wirklich freiwillig den Eingriff wünschte und darüber genau aufgeklärt wurde. Die Sterilisation ist beim Mann technisch viel einfacher auszuführen als bei der Frau, so daß in allen Fällen, wo der Mann krank ist oder wo gemeinsame, zum Beispiel wirtschaftliche Gründe die Sterilisation nahelegen, der Eingriff nicht bei der Frau, sondern beim Mann ausgeführt werden sollte. Aber immer handelt es sich um einen schweren und meist endgültigen Entschluß, den man nur als letzten Ausweg ergreifen sollte. In Deutschland ist die Sterilisation immer noch bedingt strafbar. Die Praxis scheint im übrigen von einem Bundesland zum andern zu wechseln. Wenn gewisse Ärzte nach der dritten Geburt automatisch die Sterilisation empfehlen, so ist das sträflicher Unfug.

Theoretisch kann man die Sterilisation bei Mann und Frau durch einen zweiten Eingriff rückgängig machen, aber der Erfolg ist praktisch problematisch.

Von dem *Schwangerschaftsabbruch* oder der Abtreibung will ich hier nicht reden. Sie ist *nie* ein Mittel zur Geburtenregelung. Es handelt sich immer, auch ganz am Anfang, um die Tötung eines kleinen Menschen, und das ist nie einfach »erlaubt«, es kann höchstens das kleinere von zwei Übeln sein, wenn das Leben oder die Gesundheit der Mutter durch das Austragen des Kindes unmittelbar bedroht wäre.

Wer mehr über Empfängnisregelung lesen will, dem seien folgende Bücher empfohlen: G. K. DÖRING, »Empfängnisverhütung«; ROBERT W. KISTNER, »Die Pille — ja oder nein?«; JOSEF RÖTZER, »Kinderzahl und Liebesehe« (besonders Zeitwahl und Pille); KARL HORST WRAGE, »Verantwortung in der Ehe. Intimgemeinschaft und Empfängnisregelung«.

Besonders erfreulich: TROBISCH, INGRID, »Mit Freuden Frau sein«. Wiesbaden 1974. Brockhaus-Verlag, Paperback.

Das »Haus« der Familie

Unter dem Einfluß der Ehepsychologie hat man in der letzten
Zeit die Ehe allzu leichtfertig mit der Liebe zwischen Mann
und Frau gleichgesetzt, so daß eine Ehe, in der die Liebe
vorübergehend geschwächt ist, gleich als »sinnlos« erklärt,
und eine große Liebe, die sich jedoch nicht binden will,
ohne weiteres als »freie Ehe« betitelt wird. Demgegenüber
ist zu sagen, daß die Ehe wohl im allgemeinen aus der Liebe
entsteht (nicht immer), im günstigen Fall auch von ihr genährt wird, daß sie aber einen selbständigen Organismus
bildet, der die Liebe überragt. Die Liebe bedeutet der Ehe,
was der Saft dem Baum bedeutet.

Die Frucht der Ehe ist das Kind. Es bildet mit den Eltern
die lebendige Gemeinschaft der Familie. Zur Familie gehört
aber auch der Begriff des »Hauses«. Man braucht sich darunter kein Einfamilienhaus vorzustellen, nicht einmal eine ab-
geschlossene Wohnung, gemeint ist einfach der Ort, an dem
die Familie immer wieder zusammenkommt. Die Familie
verhält sich zum Einzelmenschen wie die Fläche zur Linie:
Sie ist zweidimensional und bildet einen »Raum«, in dem
etwas Platz hat, ein »Haus«, in dem man wohnen und
schlafen und auch einen Gast aufnehmen kann, einen »Schoß«,
in dem Leben geborgen ist und sich selbst werden kann. So
bildet die Familie die lebendige Zelle der Gesellschaft; sie ist

aber nicht um der Gesellschaft willen da, sondern trägt ihren Sinn in sich selbst.

Wir wollen nun die verschiedenen Aspekte dieser Familie und ihres Verhältnisses zur Ehe etwas näher beleuchten.

An dieser Stelle seien noch einige Bücher über Ehe und Familie besonders empfohlen: BLIEWEIS, TH., »Es gibt noch glückliche Ehen« (Wien/Freiburg/Basel 1964, Herder); MEHL, R., »Die Familie lebt« (Gütersloh 1964, Mohn); MOLL, W., »Vater und Väterlichkeit« (Graz/Wien/Köln 1962, Styria); ZIEGNER, A., »Im Brennpunkt des Lebens. Gespräche um Liebe« (Osnabrück 1968, Fromm). Eine etwas anspruchsvollere Enzyklopädie aller Probleme: STRUCK, G. und LOEFFLER, L., »Einführung in die Eheberatung« (Mainz/Zürich 1971, Grünewald/TVZ).

Was begründet die Ehe?

Immer und überall wurde die Begründung der Ehe durch einen feierlichen Akt, die Hochzeit, begangen. Denn Heirat ist keine private Anlegenheit zwischen einem Mann und einem Mädchen; sie geht die ganze Gemeinschaft etwas an.

Viele Hochzeitsbräuche zeigen, daß die Hochzeit als ein *Sterben und Auferstehen* verstanden wurde: Die Braut »stirbt«, indem sie sowohl ihr Elternhaus als auch den Kreis der Unverheirateten verläßt. Sie »aufersteht«, indem sie in das Haus des Mannes einzieht und von nun an dem Kreis der verheirateten Frauen angehört. In Oberbayern oder der Eifel z. B. wurde am Tag vor oder nach der Hochzeit eine Totenmesse gelesen, im Gelderland wurde während der Brautzeit das Totenhemd genäht, auch wurden bisweilen die Bretter des Sarges zubereitet. Nach der Trauung umschritt das Paar feierlich den häuslichen Herd oder den Brunnen und verzehrte gemeinsam eine Speise. Schließlich wurden am »Polterabend« die bösen Geister durch Lärm aller Art ausgetrieben. Überreste dieser Bräuche finden sich noch heute in gewissen Hochzeitsriten, namentlich auf dem Lande.

Zur Begründung der Familie wurden *Fruchtbarkeitsriten* und Fruchtbarkeitszauber angewandt: Im Hochzeitszug wurde eine Wiege mitgeführt, Getreidekörner wurden ausgestreut und man schlug das Paar mit grünen Ruten. In manchen Gegenden Deutschlands schenkt man noch heute einen Hahn zur Hochzeit, als Symbol der Fruchtbarkeit.

Wesentlich für die Ehe ist sodann das *Treueversprechen,* das bei der Trauung abgegeben wird. In der anglikanischen Liturgie spricht der Pfarrer die Trauformel vor, die erst der Bräutigam, dann die Braut Satz für Satz nachsprechen:

> »Ich, Hans, nehme dich, Maria, zur Frau —
> für gute und böse Tage —

für den Reichtum und für die Armut —
für die Gesundheit und für das Kranksein —
bis der Tod uns scheidet —
dazu verbürge ich meine Treue.«

Bei der orthodoxen Trauung stehen Braut und Bräutigam einmal miteinander auf einem ganz kleinen Teppich, um darzustellen, daß kein Dritter in ihrer Ehe Platz hat.

Schließlich hat die Hochzeit vielerorts die *symbolische Bedeutung* einer heiligen Verbindung mit der Gottheit oder der Ehe Jahwes mit seinem Volk Israel. Auf diesem Boden wuchs im Neuen Testament das »große Geheimnis« des Brautverhältnisses von Christus und seiner Kirche (Eph 5, 31). So wurde die Ehe neben ihrer »Weltlichkeit« auch zu einem Zeichen des Heiligen, einem »Sakrament« erklärt.

Heute besteht ganz allgemein die Tendenz, die Heirat (nicht die Ehe) abzuwerten: »Wenn man einander wirklich liebt, ist man so gut wie verheiratet, und eine Ehe ohne Liebe hört eben auf, eine Ehe zu sein.« So wird die Ehe im Stillen vollzogen und diese Tatsache in Form einer mehr oder weniger feierlichen »Hochzeit« Freunden und Bekannten mitgeteilt.

Diese moderne Auffassung kann man nicht einfach als oberflächlich abtun. Sie unterstreicht die Tatsache, daß zur Begründung einer wirklichen Ehe mehr nötig ist als ein Ehevertrag und ein schönes Fest, nämlich eine ganz persönliche Entscheidung der beiden Partner auf Grund einer echten und erprobten Liebe. In diesem Sinne schreibt auch KARL BARTH: »Es ist eine greuliche alte Irrlehre, daß Ehe gleichbedeutend sei mit Heirat, Heirat mit Ehe. Es können Zwei verheiratet sein und doch durchaus nicht in einer ernstlich so zu nennenden Ehe leben. Und es kann sein, daß Zwei nicht verheiratet sind und in ihrer, in diesem Fall gewiß sehr bedrohten Weise dennoch unter dem Gesetz der Ehe leben. Heirat ist nur die ordnungsmäßige Konstatierung, Validierung und Legitimierung einer Ehe vor der menschlichen Umwelt und nur diese. Nicht sie *macht* die Ehe.« (»Kirchliche Dogmatik« Bd. III, 4, S. 253.)

Es ist wohl so, daß ursprünglich — und für viele auch heute

noch — die Heirat einen absolut lebensentscheidenden Schritt bedeutete, nach welchem eine ganz neue Weise des Daseins anfing. »Incipit vita nova« — es beginnt ein neues Leben. Dieser einmalige Akt mußte gefeiert und als »heilige Handlung« begangen werden. Es war auch ganz deutlich, daß nicht die bloße Tatsache des Zusammenlebens, insbesondere nicht der *Beischlaf* die Ehe begründete, sondern der ausdrückliche Entschluß, das gegenseitige Versprechen. So formulierte es schon das römische Recht und danach das Kirchenrecht: »Non concubitus, sed consensus facit nuptias.« Andererseits vertiefte sich im Verlauf einer jahrtausendelangen Entwicklung die erotische Liebe zwischen Mann und Frau immer mehr und bekam damit eine selbständige Bedeutung. (Noch im klassischen Altertum war diese Liebe ziemlich primitiv.) So entstanden allmählich zwei gegensätzliche Lebensformen: auf der einen Seite die große, leidenschaftliche und edle Liebe, auf der andern Seite die Ehe als rechtliche Institution mit dem Hauptzweck der Nachkommenschaft, in der gewiß Liebe entstehen konnte, aber nicht notwendigerweise dazu gehörte. Unter den schönsten Werken der Literatur, vom Tristanroman über die »Nouvelle Héloïse« JEAN-JACQUES ROUSSEAUS bis zum »Seidenen Schuh» PAUL CLAUDELS, finden sich immer wieder Darstellungen der einzig wahren und edlen Liebe im Gegensatz zur lieblosen Pflichtehe. Begreiflicherweise führte das zu einer Abwertung und Veräußerlichung der offiziellen Heirat und der bloß institutionellen Ehe, bis hin zur Erklärung, daß die höchste Form der Liebe nur in der »freien Ehe« sich entwickeln könne, d. h. in der institutionell nicht gebundenen Verbindung (z. B. ELLEN KEY, »Über Liebe und Ehe«).

Dabei machte man freilich die höchst merkwürdige Entdeckung, daß auch die »freie« Liebe, je echter und tiefer sie ist, das unbedingte Bedürfnis nach Geborgenheit hat, also nach Treue und nach Dauer (so WILHELM REICH, »Die sexuelle Revolution«, S. 158). Und man machte weiter die Erfahrung, daß zwischen Mann und Frau, wenn sie in Liebe verbunden sind, etwas entsteht, das sie beide überragt, etwas, worüber sie nicht mehr Meister sind und in dessen Ordnung sie sich einfügen müssen. Dieses »Dritte«, das Mann und Frau überragt, entspricht faktisch genau dem, was die Ehe meinte, aber infolge ihrer Institutionalisierung und Veräußerlichung nicht mehr verwirklichen konnte. Ein Mann, den niemand verdächtigen kann, konservativ oder repressiv zu sein, hat das folgendermaßen formuliert: »Niemand wird gezwungen, eine Ehe zu schließen; aber jeder muß, sobald er eine Ehe schließt, gezwungen werden, sich zum Gehorsam gegen die Gesetze der Ehe zu entschließen. Wer eine Ehe schließt, der macht, der erfindet die Gesetze der Ehe nicht, sowenig wie ein Schwimmer die Natur und die Gesetze des Wassers und der Schwere erfindet. Die Ehe kann sich daher nicht seiner Willkür, sondern seine Willkür muß sich der Ehe fügen.« Dieser Mann hieß KARL MARX (Gesamtausgabe Bd. I, S. 318, Frankfurt 1927). Noch deutlicher sagt MAX PICARD: »Die Ehe ist eine objektive Gegebenheit. Die Ehe wird nicht durch den Mann und durch die Frau geschaffen, sondern Mann und Frau werden durch die Ehe geschaffen; Mann und Frau tun nicht, wie sie selber wollen, und auch nicht, wie irgend etwas Anonymes will, sondern wie das objektive Phänomen der Ehe will« (»Die unerschütterliche Ehe« S. 38).

Nach der Abwertung der institutionellen Ehe kommt man gerade heute wieder dazu (und das insbesondere die jungen Leute), die monogame Dauerehe ernst zu nehmen. Freilich nicht in der alten Form, bei der die Trauung wie ein magischer Akt die Ehe hätte begründen sollen, sondern dadurch, daß sich Braut und Bräutigam vergewissern, daß sie beide wirklich die Ehe mit allen ihren Konsequenzen wollen und bereit sind, ihr Leben dafür einzusetzen. Ist aber einmal dieser Entschluß bei klarem Kopf und wachem Herzen gefaßt, dann sollen sie ihn auch öffentlich und vor Zeugen kundgeben, um auch in der Gemeinschaft ihre Stellung als Ehepaar einzunehmen. »Wer die Ehe will, muß auch dieses Institut respektieren, auch seine Ordnung und seinen Schutz wollen: nicht die Konstituierung aber die Deklarierung der Ehe durch die Heirat.« (KARL BARTH) So kann es vorkommen, daß die Ehe faktisch vor der Heirat beginnt und die Trauung nur die Bestätigung und Deklarierung des gefaßten Entschlusses bedeutet. Aber es bleibt auch dann dabei, daß nicht der Beischlaf (concubitus), sondern das gegenseitige Versprechen (consensus) die Ehe begründet, auch wenn sie vorläufig unter vier Augen im stillen Kämmerlein beginnt.

Besonders eindrücklich ist die Traupredigt, die DIETRICH BONHOEFFER im Mai 1943 aus dem Gefängnis seiner Nichte und seinem Freund Eberhard Bethge zur Hochzeit sandte. »Es ist nicht gut, hier allzu schnell und ergeben von Gottes Willen und Führung zu reden. Es ist zunächst einfach und nicht zu übersehen euer ganz und gar menschlicher Wille, der hier am Werk ist und seinen Triumph feiert; es ist zunächst durchaus euer selbstgewählter Weg, den ihr beschreitet; es ist auch nicht in erster Linie ein frommes, sondern ein durch und durch weltliches Ding, das ihr getan habt und tut ... Es wäre eine Flucht in falsche Frömmigkeit, wenn ihr nicht heute zu sagen wagtet: es ist *unser* Wille, es ist *unsere* Liebe, es ist *unser* Weg ... Indem Gott heute zu eurem Ja sein Ja gibt, indem Gottes Wille in euren Willen einwilligt, indem Gott euch euren Triumph und Jubel und Stolz läßt und gönnt, macht er euch doch zugleich zu Werkzeugen seines Willens und Plans mit euch und mit den Menschen. Gott sagt in der Tat in unbegreiflicher Herablassung sein Ja zu eurem Ja; aber indem er das tut, schafft er zugleich etwas ganz Neues: er schafft aus eurer Liebe — den heiligen Ehestand. Gott führt eure Ehe. Ehe ist *mehr* als eure Liebe zueinander. Sie hat höhere Würde und Gewalt; denn sie ist Gottes heilige Stiftung, durch die er die Menschen bis ans Ende der Tage erhalten will. In eurer Liebe seht ihr euch beide nur allein auf der Welt, in der Ehe seid ihr ein Glied in der Kette der Geschlechter, die Gott zu seiner Ehre kommen und vergehen läßt und zu seinem Reich ruft; in eurer Liebe seht ihr nur den Himmel eures eigenen Glückes, durch die Ehe seid ihr verantwortlich in die Welt und die Verantwortung der Menschen hineingestellt.« (»Widerstand und Ergebung«, S. 40; 42.)

Partnerschaft

Heute spricht man sehr viel — vielleicht sogar etwas zu viel? — von Partnerschaft. Was heißt Partnerschaft eigentlich? Der Begriff entstammt der Sprache des Spiels und bezeichnet die gemeinsame Teilhabe an einer Partie Schach oder Tennis. Man spricht aber auch von Partnern bei einer Kletterpartie oder von Geschäftspartnern in einem Unternehmen. Beide Partner sind gleich wertvoll, im allgemeinen auch gleichberechtigt. Sie sind *mit*einander für die »Partie« verantwortlich und damit auch gegenseitig *für*einander verantwortlich. Wer seinen Kletterpartner im Stich läßt, handelt ehr- und treulos. Dasselbe tut einer, der beim Spiel mogelt. Die Partie, an der beide teilhaben und die sie überhaupt zu Partnern macht, bestimmt die Spielregeln und schafft die »Ordnung« der Partnerschaft. In unserm Fall ist es »das objektive Phänomen der Ehe«, von dem MAX PICARD sprach. Heute spielt der Begriff der Partnerschaft auch in der Politik als das spezifisch demokratische Prinzip eine große Rolle.

▶ *Partnerschaft in der Ehe* bedeutet konkret, daß beide Ehegatten einander als vollwertige und gleichberechtigte Personen annehmen und in gleicher Weise an der Verwirklichung der Eheperson teilhaben. Mann und Frau begegnen einander als mündige Menschen, im Gegensatz zur alten Ordnung, bei der der Mann und Vater autoritär herrschte. Das bedingt unter anderm Toleranz, d. h. eine Haltung, »die den andern auf Grund seiner Würde anerkennt, achtet, bejaht, ernst nimmt« (ITEN) oder die »den andern freigibt in die Freiheit seines Eigenseins, was zugleich bedeutet: in sein Geheimnis und seine Undurchdringlichkeit« (GUARDINI).
Partnerschaft in der Ehe bedeutet etwas ganz besonderes: Daß der Mann seine Frau *als Frau* annimmt und liebt,

mit den vielen ihm unverständlichen Eigenarten, die mit
diesem Frausein verbunden sind, und die ihm vielleicht
sogar gelegentlich auf die Nerven gehen. Das ist die
Frau, die auf dich, Mann, ausgerichtet ist, und die dich
immer wieder aus deinem Nur-Mann-Sein herausreißt
und erlöst zum menschlichen Mann, zum männlichen
Menschen. Und daß die Frau ihren Mann *als Mann* annimmt und liebt, mit all den Eigenarten, an denen sie
sich stößt, von denen sie sich gelegentlich bedroht fühlt
und vor denen sie immer wieder etwas Angst hat. Doch
das ist der Mann, der für dich, Frau, geschaffen ist, der
dich befreit von der weiblichen Einseitigkeit und der dir
helfen wird, eine menschliche Frau, ein weiblicher Mensch
zu werden.
Aber es geht noch um mehr. Wie jeder Mann auch weibliche Hormone produziert und z. B. Brustwarzen trägt, so
hat er in sich auch eine weibliche Seele, die man »Anima«
nennt. In gleicher Weise produziert die Frau auch männliche Hormone und hat, neben der andern, auch eine
männliche Seele, die man als »Animus« bezeichnet.
Wenn nun ein Mann seine »Anima« (die meist von der
Mutter geprägt wird) nicht annimmt, sondern ins Unbewußte verdrängt, dann kann sie ihn gerade von dort aus,
ohne daß er es merkt, beeinflussen: Der Mann wird von
seiner Anima wie von einer fremden Macht »besessen«, er
reagiert »weiblich« oder »empfindlich« oder hörig, besonders wenn er seine Anima, natürlich immer unbewußt, in
eine Frau projiziert, die er dann, meist ganz unverdient,
mit allen weiblichen Tugenden schmückt.
Der verdrängte »Animus« der Frau kann in ganz ähnlicher Weise auf einen Mann projiziert werden, der dann
als »Inbegriff der Männlichkeit« erscheint, auch wenn er
dies garnicht ist. Oder die Frau wird von ihrem verdräng-
ten Animus »besessen«, was sich in unangepaßtem Intel-
lektualismus, Diskutiersucht und Rechthaberei äußert. Der
Animus wird oft als »Rat der Weisen« empfunden, die der
betroffenen Frau diktieren, was »recht ist«, was »man«

tut, was »jedermann weiß« usw. (Gute Darstellung dieser beiden Fälle durch M.-L. VON FRANZ in C. G. JUNG, »Der Mensch und seine Symbole«, S. 177—195.)

Das Ziel der Reifung ist, daß die Frau ihren »Animus« und der Mann seine »Anima« annehmen, bewußt machen und dadurch »ganze«, »integrierte« Menschen werden. Man nennt das den »Individuationsprozeß«.

Solange Animus und Anima verdrängt, unbewußt sind, werden sie vom Bewußtsein als das »Fremde«, »Feindliche«, ja sogar als das »Verkehrte« und zu Korrigierende empfunden. Sie können zum richtigen »Schatten« werden, wie wir ihn auf S. 17 beschrieben, und bewirken den mehr oder weniger unterschwelligen »Kampf der Geschlechter«.

Völlig anders wird die Beziehung, wenn der Mann nicht nur das Weibliche an seiner Frau liebt, sondern auch ihre männlichen Züge wahrnimmt, annimmt, schätzt und liebt. Dadurch fühlt sich diese Frau gerade auch in ihrer Aktivität und Aggressivität angenommen und bejaht, sie braucht sich durch diese nicht mehr selbst zu bestätigen, denn sie wird ja von ihrem Mann bestätigt, voll und ganz in ihrer offenbaren Weiblichkeit und hintergründigen Männlichkeit. Ebenso ergeht es dem Mann, wenn seine Frau nicht nur seine Männlichkeit, sondern auch seine weiblichen Züge aufdeckt, bejaht und liebt. Mit einem Schlag verschwinden der Zweifel an seiner eigenen Männlichkeit, die »Kastrationsangst«, das Minderwertigkeitsgefühl, insgeheim eine weibliche Seele in sich zu haben, und der Zwang, immer wieder zu überkompensieren, indem er als hundertfünfzigprozentiger Mann auftritt. Wenn ihm seine geliebte Frau sagt: »Ich liebe dich gerade auch in deinen weiblichen Zügen, in deiner Zartheit und deinem Verständnis, ja auch in der beinahe mütterlichen Geborgenheit, die du mir bisweilen zu geben verstehst«, dann erst fühlt er sich voll und ganz angenommen, und seine Frau schafft »den gesicherten Raum, wo er ganz sich selber werden kann« (GUARDINI).

So wirkt sich die Partnerschaft zwischen Mann und Frau nicht nur in ihrem äußeren Verhalten zueinander aus, sondern auch in ihrer verborgensten und geheimnisvollsten Begegnung. Sie bewahrt sie davor, einander die konventionellen Rollen vorzuspielen, die in schlechten Büchern und den landläufigen Anschauungen vorgezeichnet sind, und macht es ihnen möglich, vollständig sich selber zu sein und immer wieder neu, frei und schöpferisch zu werden. Denn jeder Ehepartner liebt den andern in seiner absoluten Einmaligkeit, und jeder fühlt sich gerade darin beim andern geborgen.

► Hier müssen wir auch von der Partnerschaft in *konfessionsverschiedenen Ehen* sprechen. Bildete die Konfessionsverschiedenheit noch vor zehn oder zwanzig Jahren ein schwer zu überwindendes Hindernis, hat sich die Situation heute glücklicherweise geändert. Die neuesten Bischöflichen Erklärungen (in der Schweiz seit 1. 10. 70) anerkennen, daß auch eine nicht katholisch getraute Mischehe gültig ist, und bei der katholischen Trauung wird dem nicht-katholischen Seelsorger erlaubt, durch Gebet, Lesung, Ansprache und Fürbitten mitzuwirken. Im Hinblick auf die religiöse Erziehung der Kinder verspricht der katholische Ehegatte, »das zu tun, was ihm unter Achtung der Glaubensüberzeugung des nichtkatholischen Ehepartners und ohne Gefährdung der ehelichen Gemeinschaft möglich ist. Das heißt: sich ehrlich aussprechen und unter Würdigung der Gründe und der Gewissensüberzeugung des Ehepartners einen Entscheid zu fällen, den beide bejahen können.« Im übrigen wird der Wunsch geäußert, daß bei bekenntnisverschiedenen Braut- und Ehepaaren von beiden Kirchen gemeinsam ein seelsorgerlicher Dienst geleistet werde. Die Voraussetzung für eine gute Ehe unter bekenntnisverschiedenen Partnern ist natürlich, daß jeder des andern Überzeugung achtet und als ebenbürtige Form des christlichen Glaubens betrachtet. Sture Katholiken und Protestanten sollten auch heute keine Mischehe eingehen. Ferner ist davor zu warnen, jede während der Ehe auftretende Schwierigkeit oder Differenz sekundär zu »konfessionalisieren«, indem man sie auf die andere Konfession des Partners zurückführt. Es sind fast immer Schwierigkeiten, die auch mit einem Partner der gleichen Konfession auftreten würden. Und schließlich ist streng darauf zu achten, daß sich die Familien nicht in die konfessionellen Probleme des jungen Paares einmischen. Wenn irgendwo, so gilt es hier, daß »der Mensch Vater und Mutter verläßt und seinem Ehegatten anhängt«. Persönlich kenne ich eine wachsende Zahl bekenntnisverschiedener Ehen, die zum Teil schon mehr als zwanzig Jahre bestehen, in denen sowohl die Glaubensgemeinschaft der Ehegatten als auch die Glaubenshaltung ihrer Kinder besonders lebendig ist.

Mehr zum Thema konfessionelle Mischehe bei: A. STADELMANN, »Kindererziehung in der Mischehe«; A. SPINDELER, »Eins vor Gott — Gebetbuch für konfessionsverschiedene Ehen«; GERTRUDE REIDICK, »Gelebte Mischehe«; FRANZ BÖCKLE, »Das Problem der bekenntnisverschiedenen Ehen in theologischer Sicht«. Hervorragend ist PETER LENGSFELD, »Das Problem Mischehe«.

► In der Familie gibt es indessen nicht nur die Partnerschaft zwischen Mann und Frau, sondern auch eine *Partnerschaft zwischen Eltern und Kindern,* die in ihren letzten Auswirkungen weniger bekannt ist.

Früher betrachtete man es als ein Hauptziel der Erziehung, die Kinder Gehorsam zu lehren. Ja man sprach sogar mancherorts in gotteslästerlicher Weise davon, man müsse »den Willen des Kindes brechen«. Heute erblicken wir viel eher das letzte Ziel der Erziehung darin, die Kinder die Freiheit zu lehren und sie in der Kunst zu üben, etwas wollen zu können und diesen Willen konsequent, reif und schöpferisch werden zu lassen.

Dieses Ziel kann man freilich nicht durch Belehrung und Ermahnung erreichen, sondern nur dadurch, daß man selber mit den Kindern in eine partnerschaftliche Beziehung tritt, so daß diese einerseits die Liebe der Eltern

und deren Achtung vor ihrer Person erfahren, andererseits ihren eigenen Willen an dem der Eltern messen und
erproben und in fairem Spiel allmählich lernen, einmal
nachzugeben und sich ein andermal durchzusetzen, gemäß
der *besseren Einsicht*, die sie *miteinander* gewinnen. Es
fällt den meisten Eltern schwer, sich von der besseren
Einsicht eines Kindes belehren zu lassen und ihr nachzugeben, aber darauf beruht die ganze Erziehung. Nur so
wird auch das Kind lernen, der besseren Einsicht der Eltern in Freiheit nachzugeben.

Natürlich ist die Partnerschaft zwischen Eltern und Kindern eine ungleiche, nicht »symmetrische« Partnerschaft.
Wesentlich ist dennoch, daß Vater und Mutter sich stets
an das Personsein des Kindes erinnern und seine Würde achten. Das Kind muß immer fühlen, daß es ernst
genommen wird, auch wenn es trotzt. Wenn ein erfah-
rener Bergsteiger mit einem Unerfahrenen eine Tour
macht, wird er auf diesen Rücksicht nehmen, ihm Rat-
schläge erteilen und ihn notfalls heftig von irgendeiner
Unvorsichtigkeit abhalten, aber er wird ihn trotzdem als
gleichberechtigten Partner betrachten. Ähnlich ist die Beziehung zwischen Eltern und Kindern.

► *Zwischen Geschwistern* besteht natürlich auch eine Partnerschaft, die um so besser sein wird, je partnerschaftlicher
sich die Eltern gegenüber den Kindern benehmen. Der
älteste Sohn, der von den Eltern immer wieder gemaß-
regelt wird, benimmt sich den jüngeren Geschwistern gegenüber ebenfalls als Tyrann oder »Schulmeister«, umgekehrt wird er ihnen gegenüber partnerschaftlich handeln,
wenn er entsprechend behandelt wird.

► Besondere Formen von Partnerschaft bestehen *je nach dem
Geschlechtsverhältnis* der Familienglieder. Zwischen Mutter und Sohn, Vater und Tochter, Bruder und Schwester
entwickelt sich eine andere Art von Partnerschaft als zwischen Mutter und Tochter, Vater und Sohn sowie zwischen
gleichgeschlechtlichen Geschwistern. Die Offenheit, Selbst-
verständlichkeit aber auch Verhaltenheit solcher Partner-

schaften sind von beträchtlichem Einfluß auf die spätere Partnerwahl und auch auf den Umgang mit Geschlechtsgenossen. Einer der Reichtümer der großen und mittelgroßen Familien ist es, daß sie mehr Gelegenheit zu solchen ersten Paarbildungen bieten.

Richtige Partnerschaft in der Familie, nach allen Richtungen, ist die große Schule der *Freiheit*. Man lernt, daß es keine »schrankenlose« Freiheit geben kann, sondern daß jede Freiheit auf einer Ordnung beruht. Ihre einfachste Form lautet etwa: »Die Freiheit jedes Menschen hört da auf, wo die Freiheit eines andern Menschen beginnt.«

Ehe und Freundschaft

Die Ehe soll kein »Egoismus zu zweit« sein; deshalb gehören Freundschaften normalerweise zu ihr. Sie erhalten sie lebendig, bringen Anregung, können in kritischen Augenblicken entscheidend helfen und stellen überhaupt die Verbindung mit der größeren Gemeinschaft her.

Im Idealfall besteht eine Freundschaft zwischen Ehepaaren. Es ist für das ganze Leben von unschätzbarem Wert, wenn Ehepaare freundschaftlich miteinander verkehren — nicht nur solche, die ungefähr gleich alt sind, sondern auch solche, die verschiedenen Generationen angehören.

Daneben wird die Frau einige Freundinnen und der Mann einige Freunde und dazu noch Kameraden haben (ein Begriff, den die Frau nicht ohne weiteres versteht). Diese mehr einseitigen Freundschaften sind ebenfalls notwendig. Sie dürfen jedoch dem Ehepartner nicht allzuviel Zeit wegnehmen und dürfen unter keinen Umständen gegen ihn gerichtet sein. Wer mehr als einen, höchstens ab und zu zwei Abende in der Woche allein mit Freunden verbringt, flieht aus der Ehe. Wer bei einem »Freund« über den Ehepartner klagt, die Ehe oder das andere Geschlecht heruntermacht, der bricht die Ehe.

Am schwierigsten gestaltet sich die Freundschaft zwischen der verheirateten Frau und dem ledigen Mann, zwischen dem verheirateten Mann und der ledigen Frau. Gibt es überhaupt eine solche »reine« Freundschaft? Nur dann ist sie wohl »rein« zu nennen, wenn man sich bewußt bleibt, daß zwischen Mann und Frau immer eine erotische Spannung besteht, wenn man sich vor ihr andauernd in acht nimmt und fest entschlossen ist, dem Ehepartner nichts zu verbergen. Solange unser Ehepartner jederzeit an dieser Freundschaft teilhaben, solange er jedes Wort mitanhören, jede Bewegung mitansehen und auch unsere geheimsten Gefühle wissen kann, wird die Freundschaft im allgemeinen in Ordnung sein. Sobald dagegen das Bedürfnis erwacht, den Freund oder die Freundin unter vier Augen zu sehen, sobald man zum Ehegatten nicht mehr frei und ungezwungen vom andern reden kann, ist Gefahr vorhanden, und es muß unbarmherzig Schluß gemacht werden. »Wenn dein rechtes Auge dich zur Sünde verführt, dann reiß es aus!« Im Zweifelsfall bewährt sich folgende Faustregel ausgezeichnet: Begegne jeder Frau so, wie du möchtest, daß ein anderer Mann deiner eigenen Frau begegnete.

Eine schöne Ehetugend ist die *Gastfreundschaft*. Man braucht keineswegs ein kompliziertes und kostspieliges Essen aufzutragen; das Einfachste genügt, wenn die Stimmung herzlich ist. Das gesellige Zusammensein mit verschiedenen Paaren und auch Ledigen ist eine außerordentliche Bereicherung des Lebens und ein entscheidender Kulturfaktor. Es liegt am Gastgeber — und noch mehr an der Gastgeberin —, in freundlicher Weise dafür zu sorgen, daß das Gesprächsniveau nicht absinkt in billige Witze oder Klatsch. Geistreicher Flirt als offenes Spiel kann sehr belebend wirken, während plumpe Anzüglichkeiten die Stimmung nur belasten.

Familie und Beruf

Der Beruf gehört sicher zu den wesentlichen Ausstrahlungen der Familie. Durch ihn übt sie nämlich auf die Öffentlichkeit eine Wirkung aus. Oft wird der Beruf aber in dem Sinne mißverstanden, daß er ausschließlich die Angelegenheit des Mannes sei, während die Frau »nur« den Haushalt zu besorgen habe. Oder: Der Mann verdient das Geld, und die Frau gibt es aus.

Dazu ist zweierlei zu bemerken: Erstens ist die Haushaltführung für eine Familie ebenso mühsam, anspruchsvoll und wichtig wie der männliche Beruf; sie stellt gewissermaßen die »Bodenorganisation« des Fliegers dar, ohne die dieser nie fliegen könnte. Zweitens spielt die Familienatmosphäre und insbesondere die Beziehung der Ehegatten für die Art, *wie* der Mann seinen Beruf ausübt, eine wesentliche Rolle. Der Verheiratete ist im allgemeinen ausdauernder, besonnener und ausgeglichener als der Ledige; dafür kann der Ledige unternehmungslustiger und einsatzbereiter sein. Der unglücklich Verheiratete ist demgegenüber oft reizbar und verschlossen, als Vorgesetzter herrschsüchtig und launisch. Was eine glücklich verheiratete Frau ihrem Mann an Ermutigung bei Schwierigkeiten, an Inspiration bei neuen Unternehmungen, an täglicher Erholung und Erneuerung, überhaupt an Selbstvertrauen und innerer Sicherheit zu geben vermag, das läßt sich nicht in Worte fassen. Auch wenn es der Mann im Augenblick nicht merkt, und es ihm erst schmerzlich bewußt wird, wenn die Frau nicht mehr da ist ... Man muß wirklich sagen, daß der Beruf — im guten wie im schlechten Sinn — die Angelegenheit beider Ehegatten ist, ja der ganzen Familie, selbst dann, wenn es sich um einen technischen oder wissenschaftlichen Beruf handelt, an dem die Frau sachlich nicht viel Anteil nehmen kann. Doch sie hat es immer mit der Person ihres Mannes zu tun.

Für den Mann spielt der Beruf eine ähnliche Rolle wie das Kind für die Frau. Würde der Mann seinen Beruf nicht lieben, wäre er in ihm nicht tüchtig, dann wäre er kein rechter Mann, so wie sie keine rechte Frau wäre, wenn sie ihrem Kind nicht so viel Liebe gäbe. Man muß jedoch folgendes bedenken: so wie die Ehe leidet, wenn die Frau *nur* noch Mutter sein will und darum ihren Mann vernachlässigt, so leidet die Ehe auch dann, wenn der Mann derartig in seinem Beruf aufgeht, daß er für seine Frau kaum noch Zeit erübrigt und für ihre persönlichen Anliegen und Stimmungen kein Auge und kein Ohr mehr hat. Für viele Männer bedeuten der Beruf und sonstige Ämter und Nebenbeschäftigungen, die sie sich aufladen, im Grunde nichts anderes als eine Flucht vor ungelösten Eheproblemen. Die Meinung, solche Männer sorgten doch in rührender Weise für ihre Familien, indem sie für sie mehr Geld verdienen, verfängt nicht. HERMANN OESER sagt mit Recht: »Zeit haben für den Ehegatten ist wichtiger als Geld für ihn haben« (»Ein Ehezuchtbüchlein«). Vielbeschäftigten Männern empfehle ich das sehr eindringliche Buch von HERBERT EISENREICH »Wovon wir leben und woran wir sterben« (Furche Bücherei, Bd. 223).

In unserer Überflußgesellschaft ist noch ein ganz anderes Problem aktuell geworden: Der Beruf der Ehefrau. Früher war die berufstätige Ehefrau eine problematische Ausnahme. Heute sind in der BRD 30% der Frauen berufstätig, von diesen sind 36,4% verheiratet; die berufstätige Ehefrau ist also heute eine Gegebenheit. Hierzu einige Anmerkungen:

Natürlich ist der Hausfrau- und Mutterberuf nach wie vor ein vollwertiger und sehr anspruchsvoller Beruf. Wer ihn ausfüllt, braucht in der Regel keinen Beruf außerhalb des Hauses, um sich selbst zu bestätigen. Andererseits gibt es aber auch Frauen, die von der Hausarbeit nicht ausgelastet werden oder die darunter leiden, daß ihre in jahrelanger Ausbildung erworbenen Fähigkeiten brachliegen, so daß sie sich noch zu einer anderen Tätigkeit berufen fühlen. Wenn eine Frau jedoch nur um des Verdienstes willen glaubt berufstätig sein zu müssen, sollte sie genau prüfen, ob dazu eine Lebensnotwendigkeit besteht, oder ob dieser Mehrverdienst nur dazu dienen soll, einen oft fragwürdigen Luxus zu ermöglichen. Sie sollte auch nachrechnen, ob der Reingewinn (nach Abzug der Löhne, die sie allenfalls für Kinderhüten und Besorgen des Haushalts zahlen muß) ihren Einsatz wirklich lohnt. Eine Mutter noch nicht schulpflichtiger Kinder sollte nur im äußersten Notfall einen anderen als den Mutterberuf ausüben.

Lange Zeit war es der große Ehrgeiz mancher Frauen, zu beweisen, daß sie einen kaufmännischen, technischen oder akademischen Beruf ebenso gut bewältigen können wie ein Mann. So bedeutete es einen Triumph, als im letzten Jahrhundert Frauen zum Hochschulstudium zugelassen wurden. Heute stellt sich die Frage anders: Gibt es nicht Berufe, die eine Frau *besser* ausüben kann als ein Mann, und solche, die Frauen in einer anderen, spezifisch weiblichen Art ausüben? Man kann wohl allgemein sagen, daß Frauen in der Krankenpflege oder in der Erziehung kleiner Kinder Besseres leisten als Männer. Kann man aber nicht auch feststellen, daß die Ärztin ihren Beruf anders ausübt als ihr männlicher Kollege, die Fürsorgerin anders als der Fürsorger, die Abteilungsleiterin anders als der Abteilungsleiter? So wird man sich im Einzelfall besinnen, ob der Arzt oder die Ärztin, der Pfarrer oder die Pfarrerin, der Anwalt oder die Anwältin besser helfen können.

In vielen Bereichen der Wirtschaft werden Männer und Frauen unterschiedslos für die gleichen Arbeiten eingesetzt (höchstens wird die Frau schlechter bezahlt als der Mann), und man stellt befriedigt fest, daß die Frauen dasselbe leisten wie die Männer. Psychologisch betrachtet, bedeutet dieses Verfahren eine ungeheure Verschwendung qualitativer Möglichkeiten, Überforderung im einen Fall, Nichtverwertung von Talenten im andern. Es geht hier nicht nur um untergeordnete Posten, sondern auch um die höchsten in den Direktionen, Verwaltungsräten, Gerichten und Ministerien. Wir können es uns einfach nicht mehr leisten, daß das ganze Leben nur von Männern geplant und geleitet wird und daß nur hier und da aus Verlegenheit ein Mann durch eine Frau ersetzt wird. Vielmehr ist es notwendig, daß Männer und Frauen auf allen Stufen des wirtschaftlichen- und politischen Lebens miteinander, partnerschaftlich, in gegenseitiger Ergänzung arbeiten, gerade auch im Planen und in der Gesetzgebung. Wenn Frauen maßgebend an der Neugestaltung von Zivil- und Strafrecht beteiligt sind, an der Planung der Wirtschaft und der Sozialordnung wie auch an der Kritik des Militäretats, dann wird sich in unserem nationalen und internationalen Leben einiges ändern. Es ist möglich, daß dann die »ehernen Gesetze der Wirtschaft« biegsamer werden und dafür das Problem der Umweltverschmutzung besser erkannt wird. Erinnern wir uns auf alle Fälle daran, daß erst Mann und Frau miteinander den *Menschen* ausmachen.

Geld und Geist in der Ehe

Das Eine-Person-Sein bezieht sich auch auf die materiellen Möglichkeiten von Mann und Frau, das Geld und die gemeinsame Wirtschaft. Es sollte nicht so sein, daß »der Mann das Geld verdient und die Frau es ausgibt«, und es ist auch nicht richtig, wenn der Mann z. B. immer wieder daran erinnert wird, daß die Frau das Geld in die Ehe gebracht habe. In der Ehe arbeitet jeder für das Ganze, und gemeinsam beschließt man die Ausgaben für das Ganze.

Es trifft nicht zu, obschon es vielfach auch von vermeintlichen Sachkennern behauptet wird, daß die meisten Ehekonflikte auf Geldstreitigkeiten zurückgehen. Die Geldfragen sind jedoch das Feld, auf dem sich der Kampf der Egoismen, der Bitterkeiten und unbewußten Rachegelüste am leichtesten austoben kann. Wenn der Mann seiner Frau das Haushaltungsgeld nur in kleinen Beträgen aushändigt, dann kompensiert er vermutlich ein Minderwertigkeitsgefühl, indem er sie auf diese Weise seine »Macht« spüren läßt. (Sämtliche Diktatoren der Welt- und Familiengeschichte sind Männer mit schweren Minderwertigkeitskomplexen!) Wenn die Frau ihrem Mann seinen kleinen Zahltag vorwirft und auf den Nachbarn hinweist, der sich besser durchzusetzen verstehe, dann verbirgt sich dahinter Enttäuschung oder sogar Haß, vielleicht weil sie erotisch unbefriedigt blieb oder weil sie ihre Weiblichkeit nicht angenommen hat.

Überhaupt enthüllt sich der Charakter des Einzelnen wie des Paares an der Art der Wirtschaft. Wer schon immer seinen ganzen Verdienst ausgegeben hat, gewöhnt ist, von Vorschuß zu leben oder Schulden zu machen, wer bei der Finanzplanung immer nur die günstigsten Möglichkeiten einsetzt und an das unvorhergesehene Unglück gar nicht denken will, der wird auch in der Ehe schlecht fahren und mit seinem Partner in Konflikt geraten oder mit ihm zusammen unter die Räder kommen. Eine für Brautpaare gefährliche Verlockung ist deshalb das Abzahlungsgeschäft, mit dem man sich einen Hausrat aneignet, den man sich eigentlich nicht leisten kann. Wenn infolge unvorhergesehener Umstände die Ratenzahlungen nicht eingehalten werden können, verliert man die ganze Ausstattung, auch das bereits Bezahlte, und dann folgt der finanziellen Pleite gewöhnlich auch die moralische; denn beide Ehegatten werfen sich nun gegenseitig Leichtsinn und Überhebung vor.

»Wer von euch, der einen Turm bauen will, setzt sich nicht zuerst hin und berechnet die Kosten, ob er genug habe zur Ausführung?« So sollen sich auch Brautleute ein genaues Bild machen, welche Anschaffungen notwendig sind. In den meisten Städten bestehen Hauswirtschaftliche Beratungsstellen, die für jedes Einkommen und jede besondere Situation Vorschläge mit Preisangaben machen können. Das gemeinsame Wirtschaften lehrt wie kaum etwas anderes Mann und Frau, für- und miteinander zu denken und voreinander rückhaltlos offen zu sein. Die Frau, die ihrem Mann eine Ausgabe verschweigt, der Mann, der seiner Frau von seiner Extrazulage nichts sagt, fangen damit an, einander untreu zu werden. »Mein Geld«, »meine Bedürfnisse«, »mein selbstverständliches Recht« sind Begriffe, die in der Ehe keinen Platz haben. Junge Eheleute müssen daher lernen, nicht mehr in der Ich- sondern in der Wirform zu reden. Meine Zigaretten sind nicht wichtiger als das Halstuch oder das Toilettenwasser meiner Frau, und beides ist viel weniger wichtig als die Ausstattung des kommenden Kindes.

In der Ehe ist das Geld vom Geist nicht zu trennen: Die Ausgaben sind nie »selbstverständlich«, »durch die Natur der Sache« bedingt; immer drücken sie den Geist, den inneren Lebensstil, die Glaubenshaltung des Paares aus. Ein glücklicher Ehemann bringt mehr nach Hause als ein unglücklicher; eine glückliche Frau gibt merklich weniger aus. Viele Ausgaben bei Mann und Frau haben den Sinn einer »Kompensation« für ihre innere Bitterkeit. Oder man leistet sich gemeinsam etwas, weil man einander nichts Besseres zu geben versteht. Umgekehrt wird die Zusammengehörigkeit der wirklich lebendigen Familie nur verstärkt, wenn einmal große materielle Sorgen drücken.

Ausgaben und Einsparungen unterstehen in der Familie nicht nur kaufmännischen Gesichtspunkten, sie drücken immer auch etwas von ihrem Geist aus und dienen der Liebesgemeinschaft. So wird man sich vielleicht ein neues Kleid oder einen neuen Sessel versagen, um mit den Kindern in die Ferien gehen zu können und dort eine ganz neue Gemeinschaft mit ihnen zu gewinnen. Der Mann wird vielleicht auf eine sehr einträgliche Nebenbeschäftigung verzichten, um für seine Frau und seine Kinder freie Zeit zu haben. Die Männer, die ohne zwingende Notwendigkeit ihre ganze Kraft und Zeit dem Geschäft widmen, angeblich «damit die Kinder es einmal besser haben», leisten ihnen in Wirklichkeit einen schlechten Dienst; denn sie nehmen ihnen faktisch den Vater weg. Was nützt den Kindern ein dickes Sparbuch, ja sogar eine akademische Bildung, wenn sie dafür ihren Vater nie fröhlich und unbeschwert erlebt haben? Geld und Bildung kann man später selber erwerben, sie machen auch nicht das Glück aus; aber man hat nur einen Vater und nur eine Jugend.

Vor allem äußert sich der Geist im Geben. Das Kind, das selbstverständlich dazu erzogen wurde, seinen Besitz mit anderen zu teilen, das miterlebt hat, wie oft ein Stück Kuchen oder ein Blumenstrauß zum Nachbarn wanderte, das erfahren hat, daß auch bei einem schwierigen Monatsabschluß ein Betrag für andere Menschen auf die Seite gelegt wird, dieses Kind hat Wichtigeres gelernt, als es je auf einer Hochschule lernen könnte.

Unbewußtes zwischen Eltern und Kindern

Sind Mann und Frau fürs Leben miteinander verbunden, so bildet das Kind zunächst wohl die »Frucht« dieser Einheit; es ist aber seine Bestimmung, so zu reifen, daß es sich mit der Zeit ablöst und eine selbständige Person wird. Das ist auch ein Hauptziel der Erziehung. Es steht mir nicht zu, ausführlich über Erziehungungsprobleme zu reden; dennoch möchte ich hier einen Aspekt der Eltern-Kind-Beziehung beleuchten, der sowohl Eltern wie Kindern weitgehend unbewußt bleibt. Die entscheidenden Einflüsse der Eltern erfolgen nicht so sehr durch absichtlich gesprochene Worte und bewußt eingenommene Haltungen als vielmehr über ein »existenzielles Kraftfeld« zwischen Eltern und Kindern, das von dem unabsichtlichen Verhalten der Eltern in allen 24 Stunden des Tages geprägt wird. Fehler in diesem Verhalten sind oft die Ursachen für Störungen bei den Kindern.

»Verlassenheit«. Man hat beobachtet, daß Säuglinge, die gleich nach der Geburt oder — noch schlimmer — nach wenigen Monaten Geborgenheit bei der Mutter in ein unpersönliches, zwar hygienisch einwandfrei, aber lieblos geführtes Kinderheim versetzt werden, nach einiger Zeit regelmäßig erkranken und nach 3—5 Monaten in eine schwere Lethargie verfallen, die sogar mit dem Tode enden kann. Gibt man solchen Kindern vor dem Eintritt der kritischen Phase ihre Mutter (oder eine mütterliche Pflegerin) zurück, dann verschwinden die schweren Störungen mit erstaunlicher Geschwindigkeit.

Von diesen schwersten Fällen reicht bei fließenden Übergängen die Reihe der gefährlichen Situationen über die weniger massiv fehlende Mutter, die berufstätige, tagsüber viel außer Haus weilende Mutter, die wenig zärtliche oder gefühlskalte Mutter bis zum »objektiv genügenden« Mutter-

Kind-Verhältnis, das aber diesem bestimmten Kind subjektiv nicht genügt, weil es aus irgendeinem Grund ein besonders großes Zärtlichkeitsbedürfnis besitzt. Entscheidend ist weniger die Anzahl der Stunden, die eine Mutter bei ihrem Kind verbringt, als die *Qualität* ihrer Anwesenheit: aufmerksame Zuwendung, es anblicken und ihm zulächeln, zärtliche Worte und Gesten, spielen mit dem Kind oder wenigstens sich für sein Spiel interessieren. Wird das für dieses Kind nötige Maß an zärtlicher Zuwendung über längere Zeit nicht erfüllt, entsteht ein Gefühl des Verlassenseins. Im späteren Leben kann daraus eine unverständliche, aber unüberwindliche Angst vor dem Alleinsein, dem Verlassenwerden, dem ungenügenden Verstandenwerden entstehen, die man dann wohl als »Verlassenheitskomplex« bezeichnet. Das scheinbare Gegenteil, die maßlose Verwöhnung des Kindes, führt zum selben Ergebnis, weil das Kind sehr richtig fühlt, daß die Verwöhnung sehr oft nur ein Alibi darstellt, die Tarnung einer tiefen Gefühlskälte. Heute werden die meisten Neurosen und bis zu einem gewissen Grad sogar manche Formen von Schizophrenie auf einen solchen Verlassenheitskomplex zurückgeführt, und ihre Behandlung besteht, ganz kurz ausgedrückt, darin, daß der Patient über das unbedingte Vertrauen zum Psychotherapeuten das Vertrauen zu den andern Menschen gewinnt. Das Gefühl der Verlassenheit bedingt indessen nicht nur seelische Störungen, sondern auch körperliche. So haben z. B. chronisch »erkältete« Kinder, bei denen Schnupfen, Husten und Halsweh einander ständig ablösen, auffallend oft eine affektarme Mutter, die ihnen zu wenig oder eben falsche Zärtlichkeit gibt. Ein Kinderarzt prägte das Wort: »Ein Kind erkältet sich nicht am Durchzug, sondern an der kalten Mutter.«

Die Elternehe. Eine gute Ehe der Eltern kann als Gesundheitsfaktor kaum hoch genug eingeschätzt werden. Ganz unmittelbar wirkt die Harmonie des Elternpaares im Sinne der Geborgenheit, des Glücksgefühls, der Lebensbejahung. Mittelbar bewirkt sie bei Vater und Mutter eine größere Liebesfähigkeit, Ausgeglichenheit und Heiterkeit, die dem Kinde zugute kommen. Bei größeren Kindern wirkt die Elternehe als Beispiel: »Eine solche Ehe möchte ich einmal haben.« Und wenn doch Schwierigkeiten auftauchen: »Vater und Mutter haben es zeitweise auch schwer gehabt, aber sie haben alles mutig überwunden, und wir sind mit ihnen glücklich gewesen.«

Ist das Verhältnis zwischen den Eltern hingegen dauernd gespannt, fallen diese positiven Einflüsse aus. Das Kind fühlt den Felsen, auf dem es steht, von ständigen Erdbeben erschüttert und lebt in chronischer Angst, die wiederum Krankheiten bewirken kann. Vor allem verkriecht es sich in sich selbst, oder es sucht außerhalb des Hauses einen Halt, der oft problematisch ist. Man weiß welche Rolle eine gestörte Elternehe und gespannte Familienatmosphäre bei der Entwicklung von kriminell oder rauschgiftsüchtig gewordenen Jugendlichen spielt. Schon Augustin sagte: »Das Leben der Eltern ist das Buch, in dem die Kinder lesen.« Oft mehr unbewußt als bewußt.

Bei ausgesprochenen Ehekonflikten ergibt sich ein weiteres Störungsmoment: Im Kampf der Eltern muß das Kind irgendwie Stellung beziehen, ja oft genug wird es von beiden Eltern umworben, und jeder Teil versucht, es auf seine Seite zu ziehen. Eine solche Parteinahme wirkt sich natürlich ungünstig aus. Wohl sieht man nicht selten Kinder, die mit bewundernswerter Objektivität zwischen den Eltern stehen und beiden erklären, was sie falsch machen. Solche Kinder können geradezu die Rolle von Eheberatern spielen und ernste Konflikte überwinden helfen. Aber diese überlegene Stellungnahme bedeutet für die Kinder oft eine Überforderung; die elterliche Ehe ist für sie kein Schutz, sondern ein Risiko, sie ist kein fester Fels, sondern eine wacklige Steinplatte, die die Kinder ständig sichern müssen.

Das ganze Eltern-Kind-Verhältnis wird dadurch noch kompliziert, daß sie ja beide gemeinsame Erbanlagen besitzen, die ähnliche Reaktionen begünstigen. Ohne an das »unabänderliche Schicksal« der Erbmasse zu glauben, darf man doch die Zusammenhänge nicht allein psychologisch betrachten, sondern muß sich immer um eine ganzheitliche Schau sowohl des Einzelnen wie der Ehe bemühen.

Kind und Elternneurose. Eine andere Seite des Problems hat unlängst HORST-EBERHARD RICHTER eingehend dargestellt. Ich möchte in aller Kürze die Hauptgedanken seines ausgezeichneten Buches referieren, auf das psychologisch interessierte Leser nachdrücklich hingewiesen seien. (»Eltern, Kind und Neurose«).

Im Gegensatz zur bisherigen einseitigen Betrachtung der kindlichen Neurose wendet sich Richter den Problemen der Eltern zu und fragt: »Was suchen die Eltern eigentlich im Kind? Wie sind die unbewußten Phantasien beschaffen, die sie auf das Kind beziehen?« Schon vor der Heirat machen sich die Eltern ein Idealbild der zukünftigen Kinder. Wenn dann die Ehe nicht das bringt, was sie erwarten, werden diese Idealbilder aufgewertet, und die Kinder sollen Lücken ihres eigenen Lebens ausfüllen.

So kann das Kind einen *Ersatz für einen andern Partner* bilden. Das Bild des Vaters oder der Mutter, des Bruders oder der Schwester wird auf das Kind projiziert und zwar, je nachdem wie diese Beziehung in Wirklichkeit war, als Liebe oder als Haß. Damit wird eine echte Beziehung zwischen Eltern und Kindern verfehlt, und diese leiden darunter, nicht selber, sondern nur als »Masken« des Onkels oder der Großmutter geliebt oder gehaßt zu werden. Schwerwiegender ist die Identifikation des Kindes mit dem fehlenden Ehegatten oder auch seine Verklärung zum »idealen Ehegatten«, den man dem wirklichen gegenüberstellt. »Wenn mein Mann den Charakter meines Sohnes hätte, wär es was anderes!« Oder der Mann vergleicht seine alternde Frau mit seiner eben aufblühenden Tochter, und es scheint ihm natürlich, jetzt diese zu umschwärmen. Die dadurch geweckten erotischen Regungen beim Kind können sich sehr nachteilig auswirken. Schließlich kann man im Kind die verhaßten Eigenschaften der Schwiegerfamilie wiedererkennen und es entsprechend behandeln.

Sodann kann das Kind für Vater oder Mutter eine *Art*

Ersatz für einen Aspekt des eigenen Selbst werden. Man erkennt sich selbst im Kind und verdeckt dadurch dessen wahre Person. Kaum hat das Kind angefangen, etwas Persönliches zu sagen, wird es mit der gutgemeinten aber völlig lähmenden Bemerkung unterbrochen: »Das kenne ich gut, ich habe genau dasselbe durchgemacht.« Man kann auf das Kind auch sein unerreichtes Idealbild projizieren: Der Sohn muß unbedingt studieren, weil der Vater kleiner Angestellter blieb, auch wenn er nicht das Zeug dazu hat. Umgekehrt kann man auf das Kind sein »negatives Bild«, seinen »Schatten« projizieren und es deshalb hassen. Es kann sich auch um den Schatten des Ehepartners handeln. Ein solches Kind wird dann leicht zum Sündenbock.

Eine dritte Rolle, die streitende Eltern ihren Kindern aufdrängen, ist die bereits beschriebene des *umstrittenen Bundesgenossen* gegen den Ehegatten. Von besonderer Bedeutung ist dabei, daß die auf das Kind projizierte und von ihm allmählich angenommene Rolle sich seinem Charakter einprägt, so daß sie mit immer neuen Partnern während seines ganzen Lebens weitergespielt wird, bis es vielleicht einmal einer Psychotherapie gelingt, die aufgezwungene Projektion aufzudecken und den wahren Charakter zu befreien.

Schwer zu begreifen ist der *Haß gegen das Kind,* der, entsprechend den stärkeren mütterlichen Gefühlen, vor allem bei Müttern vorkommt. Er kann ein Ausdruck des Hasses gegen den Vater des Kindes sein. Gelegentlich tritt er bei körperlich oder seelisch stark überforderten Müttern auf, die nur noch den (unbewußten) Wunsch »fort mit dem Kind« verspüren. Auch ein eigener Verlassenheitskomplex kann Neid und Haß auf das Kind bedingen. Bei der Mutter wird dabei der Archetyp der »dunklen Urmutter« (Kâlî-Ischtar) reaktiviert, und es tritt die »böse Hexe« in Erscheinung. Dieser Haß kann bis zur schweren Mißhandlung und sogar Tötung des Kindes führen, häufiger zu dauernder Unterdrückung, Hintansetzung und sinnloser Strenge.

Diese wenigen Beispiele zeigen eindringlich, wie die Familie ein organisches Ganzes bildet und therapeutisch wenn möglich als Ganzes behandelt werden muß. (Darüber schrieb H.-E. RICHTER kürzlich ein zweites Buch: »Patient Familie. Entstehung, Struktur und Therapie von Konflikten in Ehe und Familie«). Erzieher, Kinderärzte, Psychotherapeuten und Eheberater müssen hier zusammenarbeiten.

Die eigentliche Lösung oder schon Verhütung der Konflikte sowohl zwischen den Ehegatten wie zwischen Eltern und Kindern bringt die richtige Partnerschaft, wie sie im zweiten Abschnitt dieses Kapitels beschrieben wurde. In vielen Fällen muß sie regelrecht »gelernt« und eingeübt werden, worauf die Ehe- und Erziehungsberater jetzt immer mehr ihr Augenmerk richten (ein Beispiel gibt das Buch von ANITA und KARL HERBERT MANDEL: »Einübung in Partnerschaft durch Kommunikationstherapie und Verhaltenstherapie«).

Kernfamilie und Kommune

Seit einigen Jahren spricht man viel von Kommunen oder modernen Großfamilien. Man versteht darunter Wohngemeinschaften von mehreren Einzelnen oder (und) Paaren und gegebenenfalls deren Kindern. Wie weit diese Gemeinschaft geht, ist von Fall zu Fall verschieden. Es kann sich um ein Zusammenleben mit gemeinsamer Beteiligung an den Hausarbeiten handeln oder um eine mehr oder weniger starke Gütergemeinschaft, wohl nur in Ausnahmefällen auch um wechselseitige Geschlechtsgemeinschaft. Gerade letztere hält nach den bisherigen Erfahrungen nicht lange an. Das Leben in einer solchen Großfamilie bringt eine Reihe von Problemen mit sich, stellt jeden Einzelnen und jedes Paar auf eine harte Probe. Zweifellos werden sie aber dadurch immer wieder aus der Isolierung und dem Egoismus zu zweit herausgeführt und erhalten von den anderen ständig neue Anregungen. Viele Kommunen verkündigen eine politische Ideologie, andere Wohngemeinschaften tun es nicht. Allen gemeinsam ist, daß ihre Mitglieder den ehrlichen Versuch unternehmen, eine neue Existenzform zu leben, ohne im voraus zu wissen, wohin sie das führen wird. Sie verdienen deshalb Achtung. Nach den bisherigen Berichten lösen sich die meisten Kommunen nach einigen Jahren wieder auf. Die Erfahrung des Kommunelebens ist wertvoll, auch wenn es nur eine Episode bleibt. Solche Paare können fürs Leben bereichert sein. Es ist denkbar, daß einzelne Paare für längere Zeit zusammenleben, so wie es z. B. in den israelischen Kibbuzim der Fall ist. Dagegen ist kaum anzunehmen, daß dadurch die Kernfamilie, bestehend aus dem Elternpaar und ihren Kindern, aufgelöst oder auch nur geschwächt werden wird. Ausführlich wird dieses Thema diskutiert in Heft 3+4/1971 der Zeitschrift EHE.

Das große Drama der Ehe

Beim Lesen dieser Überschrift mag mancher Leser stutzen.
Ich will deshalb gleich verraten, daß das Wort »Drama«
hier nicht im üblichen Sinne eines leidenschaftlich beweg-
ten oder traurigen Geschehens gebraucht wird, sondern
in der ursprünglichen Bedeutung der »spannenden Handlung«. Die gute Ehe stellt in der Tat im Lauf der Jahre
eine solche spannende Handlung dar. Wer diesem großen
»Drama« ausweicht, einen Nebenweg oder Kompromisse
sucht, der erlebt dann sehr wahrscheinlich eines der »kleinen«
Ehedramen wie Eifersucht, Ehebruch, Scheidung, Mord und
Selbstmord, wie sie in der Literatur — von der Boulevard-
presse bis zur großen Dichtung — so gerne behandelt werden.
Die kleinen Ehedramen entstehen dann, wenn man die Her-
ausforderung des großen Dramas der Ehe nicht annimmt. So
wollen wir hier versuchen, den Lebenslauf der Ehe unter
diesem Gesichtswinkel zu betrachten: als einzelne Akte des
großen Dramas.

Die Annahme des Partners

Zwei Ehepartner haben einander frei gewählt, einander richtig kennengelernt und nach reifer Überlegung aus Liebe geheiratet. Dennoch werden sie in den ersten Monaten und Jahren der Ehe einander ganz neu erleben, jeder entdeckt im Andern einen ganz neuen, unbekannten Menschen, und ist darüber enttäuscht. Ich sprach bereits im ersten Kapitel über diese Entdeckung des *wirklichen* Partners im Unterschied zu den verschiedenen Bildern, die wir aus unserem Unbewußten auf ihn projizieren. Diese Bilder waren zwar zur ersten Kontaktnahme notwendig, aber sie gehörten doch weitgehend der Phantasie an und deckten die wirkliche Person des Partners zu, waren also Selbsttäuschungen. Die Ent-deckung des wirklichen Partners ist somit zugleich eine Ent-täuschung, nämlich eine Begegnung mit der Wahrheit. Wenn wir noch jahrelang in dieser Projektion und Täuschung weitergelebt hätten, so hätten wir immer aneinander vorbei gelebt!

Eine Eigenart des Partners, die anzunehmen uns zunächst schwer fällt, ist sein Geschlecht. Mann und Frau können einander ein Leben lang nie *restlos* verstehen; gerade das macht sie füreinander immer wieder reizvoll. Aber sie müssen dieses nie ganz verstandene Anderssein *liebend* annehmen, den Partner gerade deshalb lieben, weil sie ihn nicht restlos verstehen, sonst gehen sie einander mit der Zeit auf die Nerven. Die Frau hat eine elementare Angst vor dem Mann, weil er körperlich stärker ist und in sie eindringen will; der Mann fürchtet seine Frau, weil sie über Fähigkeiten des Instinkts, der Intuition und der Verführung verfügt, die er nicht besitzt. Wenn beide diese Angst liebend überwinden, eröffnen sich ihnen ungeahnte Perspektiven und neue Erlebnismöglichkeiten.

Ein erstes Ausweichen vor dem großen Drama besteht in der Verniedlichung der Geschlechtsunterschiede, in der Vortäuschung einer noch nicht bestehenden Harmonie und — rückwirkend — in einer Verachtung oder Herabsetzung des anderen Geschlechts. »Alle Weiber sind . . .«, »Man weiß ja, wie die Männer sind . . .«. Und man spielt geistreich miteinander, um nicht ernst machen zu müssen.

Neben den geschlechtsgebundenen Gegensätzen von Mann und Frau gibt es noch solche, die in ihrer unterschiedlichen Charakterstruktur begründet sind. Da die Erfahrung zeigt, daß sich die Gegensätze anziehen, und daß gerade polar verschiedene Ehegatten meist gut zueinander passen, gehe ich hier kurz darauf ein und verweise für mehr Einzelheiten auf das ausgezeichnete und leicht faßliche Buch von PAUL PLATTNER, »Glücklichere Ehen«.

Ein erstes Gegensatzpaar sind die nach außen gekehrten (extravertierten) und die nach innen gekehrten (introvertierten) Menschen. Der Introvertierte hat Angst, seinem Nächsten zu nahe zu treten, er ist zurückhaltend und wirkt deshalb oft kühl. Er hat mehr Takt als Kontakt. Ausgesprochen kontaktfreudig ist hingegen der Extravertierte, der immer sagen muß, was er fühlt und denkt; deshalb öffnet er leichter die Herzen und wird als »sympathisch« empfunden. Der Introvertierte findet ihn indessen gern aufdringlich und taktlos. Der Extravertierte ist aus einem Stück, er »hat das Herz auf der Hand«; der Introvertierte hat einen Vorder- und einen Hintergrund, eine Schale und einen Kern.

Das von KRETSCHMER (»Körperbau und Charakter«) beschriebene Gegensatzpaar fällt bis zu einem gewissen Grade, aber nicht ganz, mit dem beschriebenen zusammen. Da sind die Cycloiden (Syntonen), die man in drei Gruppen antreffen kann:

▶ gesellig, gutherzig, freundlich, gemütlich;
▶ heiter, humoristisch, lebhaft, hitzig;
▶ still, ruhig, schwernehmend, weich.

Im Gegensatz dazu die Schizoiden, die folgende Gruppen bilden:

- ▶ ungesellig, still, zurückhaltend, ernsthaft (humorlos), Sonderling;
- ▶ schüchtern, scheu, feinfühlig, empfindlich, nervös, aufgeregt, Natur- und Bücherfreund;
- ▶ lenksam, gutmütig, brav, gleichmütig, stumpf, dumm.

Dem cycloiden Temperament entspricht meistens (nicht immer) ein gedrungener, rundlicher (pyknischer) Körper, dem schizoiden ein schmaler, langwüchsiger (leptosomer) Bau.

C. G. JUNG unterscheidet neben den Grundhaltungen der Intro -und Extraversion zwei Typenpaare, die sich damit kombinieren: den Gegensatz von Denk- und Fühltyp und den Gegensatz von Intuitions- und Empfindungstyp. (Ausführlich in seinen »Psychologischen Typen«, gedrängt und anschaulich bei PLATTNER.)

Da sich die Gegensätze anziehen, wird man oft einen Mann vom introvertierten Denktyp eine Frau vom extravertierten Fühltyp heiraten sehen oder eine Frau vom introvertierten Intuitionstyp einen Mann vom extravertierten Empfindungstyp. Dieser Unterschied bewirkt zunächst eine gewisse Erschwerung des gegenseitigen Verständnisses, ja man wird einander bisweilen regelrecht auf die Nerven fallen. Es ist deshalb wichtig zu wissen, daß diese Gegensätzlichkeit der Charaktere eine allgemeine Regel ist, ein gutes Zeichen für die Ehe, und daß es hier wie beim Geschlechtsunterschied um eine gegenseitige Ergänzung, um die Harmonie der Gegensätze geht.

Wandlung oder Tod des Ichs?

»Du sollst deinen Nächsten lieben wie dich selbst.« Genau so, wie ich mich selbst achte und annehmen muß, wie ich meine eigene Bestimmung und die mir gegebene Freiheit ernst nehme, so soll ich auch meinen Nächsten achten, annehmen und als Person lieben. Insofern ist also Selbstliebe ganz normal, ja sie ist sogar notwendig, um den Nächsten richtig zu lieben. Andererseits hört man jedoch, wir sollen unser Ich mehr und mehr zurückbinden, verachten, ja abtöten; denn erst der Tod des Ichs, »des dunklen Despoten«, ermögliche die wahre Liebe. Was gilt nun eigentlich?

Machen wir uns zuerst einmal ganz klar: »Ich« und »Du« sind keine feindlichen Gegensätze, sie sind keine »Rivalen«, die neidisch aufeinander wären. Ganz im Gegenteil: Erst indem ich einen andern Menschen als »Du« anspreche, nehme ich wahr, daß ich selbst ein »Ich« bin. Richtiger gesagt: Indem ich einen Menschen mit »Du« anspreche, trete ich in eine Beziehung; Ich und Du sind die beiden Pole dieser Beziehung, an sich sind sie nichts. Das hat Martin Buber vor bald fünfzig Jahren meisterhaft ausgedrückt: »Wer Du spricht, hat kein Etwas, hat nichts. Aber er steht in Beziehung . . . Das Grundwort Ich-Du kann nur mit dem ganzen Wesen gesprochen werden. Die Einsammlung und Verschmelzung zum ganzen Wesen kann nie durch mich, kann nie ohne mich geschehen. Ich werde am Du; ich werdend spreche ich Du. Alles wirkliche Leben ist Begegnung.« (»Ich und Du« S. 10 u. 15.) Meinen Nächsten lieben »wie mich selbst« drückt also das eigentliche Wesen der Liebe aus. Ja man könnte den Satz umkehren: Wenn ich mein »Ich« liebe (oder zu lieben glaube), ohne gleichzeitig ein »Du« zu lieben, dann hege ich eine Illusion, dann hänge ich an einem Ding, das gar kein richtiges »Ich« ist; denn es steht ja nicht in Beziehung zum Du.

Hier löst sich der oben angeführte scheinbare Widerspruch. Wenn ich meinen Nächsten wirklich liebe, dann liebe ich ihn mit meinem Ich; Ich und Du leben von dieser Beziehung. Es gibt nur »Ich-für-Dich«. Wenn ich dagegen an mir selbst hängen bleibe, wenn mein ganzes Interesse nur meiner eigenen Person gilt, dann kann ich nicht in Beziehung zu einem »Du« stehen. Und wenn ich kein Du habe, bin ich auch kein lebendiges Ich, sondern ich habe davon nur eine Kümmerform, eine Karrikatur: das »Ich-für-mich«, das »auf sich selbst zurückgebogene Herz« (Cor incurvatum in se).

So sagt man wohl scheinbar mit Recht, wir sollten unser Ich (gemeint ist das Ich-für-mich) abtöten. Aber was ist damit gewonnen? Das Ich-für-mich ist ein Unding, ein Krüppel, was ich aber notwendig brauche, ist das Ich-für-Dich. Indem ich einen Krüppel töte, mache ich aus ihm noch keinen gesunden Menschen. So sehen wir Menschen, die sich selbst praktisch noch nie angenommen haben und sich deshalb auch nicht lieben können. Vielmehr sind sie in sich selbst verstrickt, strotzen vor Minderwertigkeitsgefühlen und sind unfähig, einen andern Menschen anzunehmen und zu lieben. Wenn diese zu allem anderen noch versuchen, ihr verkümmertes, nicht-angenommenes und als minderwertig betrachtetes »Ich« abzutöten, dann werden sie erst recht ohnmächtig und liebeunfähig. Auf der andern Seite stehen die »Perfektionisten«, die Tugend, Vollkommenheit, ja »Heiligkeit« anstreben und deshalb »unaufhörlich an sich selbst arbeiten«, um ihr »böses Ich« abzutöten. Durch diese Arbeit werden sie indessen so stark in Anspruch genommen, daß sie für den Nächsten überhaupt kein Auge mehr haben. Höchstens sehen sie bei ihm die gleichen Fehler, gegen die sie bei sich selbst ankämpfen, und richten ihn deshalb ebenso streng, wie sie sich selbst richten. Auch hier nützt die »Tötung des Ichs« nichts, denn dadurch entsteht keine Ich-Du-Beziehung.

Nun gibt es aber doch den »gesunden Egoisten«, der nur sich selbst sieht, für sich selbst sorgt und die anderen ruhig zugrunde gehen läßt. Hat dieser es nicht wirklich nötig, sein dickes Ich abzutöten? Ich glaube, der »gesunde Egoist« ist im Grunde genommen ein armer Neurotiker, der schon als Kind nie erfahren hat, was rechte Liebe ist, sondern höchstens verwöhnt wurde, was ja, wie wir sahen, nur eine Tarnung der Lieblosigkeit bedeutet. Dieser Mensch kann sich deshalb auch nicht selbst lieben, er fährt lediglich fort, sich zu verwöhnen und seinen nie gestillten Hunger nach echter Liebe durch die Erfüllung kleiner Wünsche zu betäuben. Man kann ihm wohl zu zeigen versuchen, daß die Pflege seines »dicken Ichs« ihm doch nicht das tiefe Glück verschafft, aber diese Einsicht wird ihm kaum durch eine Strafpredigt über die Tötung des Ichs aufgehen, sondern weit eher durch die Konfrontation mit der echten Liebe.

Der wirklich Demütige verstrickt sich nicht in sein Ich, indem er es zu vollkommener Tugend und Geistigkeit aufarbeiten will. Vielmehr nimmt er sich selber an, im Bewußtsein seiner Unvollkommenheit und seiner Fehler. Aber er bleibt nicht lange dabei stehen, sondern versucht nach Kräften, seinem Nächsten zu helfen. Lieber tut er auf höchst unvollkommene Weise etwas Gutes, als vor lauter Suche nach der Vollkommenheit nichts zu tun. Auf diese Weise liebt der Demütige sich und den Andern; er steht nicht allein, sondern in Beziehung. Es geht ihm nicht primär darum, seine eigenen Wünsche abzutöten, sondern diese Wünsche beim Nächsten zu befriedigen. »Alles nun, was ihr wollt, daß es euch die Menschen tun, das sollt auch ihr ihnen tun; denn darin besteht das Gesetz und die Propheten.« (Mt 7, 12)

Die Ehe ist die hohe Schule dieser Liebe. Zu Beginn der Ehe halten wir die Liebe für selbstverständlich, weil wir einfach verliebt sind. Dann merken wir, daß der Partner anders ist als wir, und daß es darum geht, ihn so wie er ist anzunehmen. Und jetzt merken wir, daß uns diese Annahme des Partners schwer fällt, daß wir uns gar nicht umstellen wollen, sondern vom Andern verlangen, daß er sich uns anpasse. »Ich bin schon recht, der Andere muß sich ändern.« Dann sagt man uns wohl — und wir denken im Grunde dasselbe —, daß auch wir uns ändern müssen, und daß dieser Weg über den Tod des Ichs führt.

An dieser Stelle öffnet sich eine entscheidungsschwere Alternative: Entweder wir fassen unser *Ich* ins Auge und versuchen systematisch, es abzutöten, indem wir alle unsere eigenen Wünsche zurückstellen und nur auf die Wünsche des Partners eingehen, indem wir alles daran setzen, »selbstlos« zu werden und den Partner wachsen zu lassen — oder wir fassen unsern *Partner* ins Auge und versuchen immer klarer zu sehen, was er benötigt, um so zu werden, »wie Gott ihn gemeint hat«, und setzen alle unsere Kräfte ein, um ihm dazu zu verhelfen. Es scheint beinahe um einen Streit um Worte zu gehen, doch liegt der Unterschied tiefer. Im ersten Fall geht es um die moralische Vervollkommnung, Hintansetzung und »Abtötung« meines Ichs, das dem Wohl meines Partners im Wege steht, und die Aufmerksamkeit ist auf dieses Ich gerichtet; im zweiten Fall geht es um das Wohl des Partners, und ich bin voll und ganz auf diesen ausgerichtet. Eigentlich geht es nur in diesem zweiten Fall um eine wirkliche Beziehung, während es sich im ersten bloß um eine asketische Übung handelt.

Konkret sieht das ungefähr folgendermaßen aus. Da ist ein Mann, der allmählich merkt, wie egoistisch er ist, und beschließt, sein dickes Ich abzutöten. Er unterdrückt seine ichbezogenen Wünsche, er ringt nach einer »selbstlosen« Haltung, nimmt seiner Frau allerlei unangenehme Dinge ab und sorgt in rührender Weise für sie. Das wäre ja alles sehr schön und lobenswert, aber er überfordert sich, indem er mehr an seinen Edelmut denkt als an die ganz natürliche Liebe zu seiner Frau. Die Folge ist einerseits die, daß sich bei ihm allmählich Ressentiments und Frustrationsgefühle einstellen, die gelegentlich explodieren können, anderseits die, daß seine Frau vor so viel »Edelmut« Minderwertigkeitsgefühle empfindet und die spontane, ungezwungene partnerschaftliche Beziehung Schaden nimmt. Vielleicht versucht dann auch sie, ihre persönlichen Wünsche zu unterdrücken. Nun leben sie beide in ständigem Ringen um »Tugend« und finden füreinander nicht mehr die Frische und schöpferische Unbekümmertheit der ersten Liebe. Das kann zu einer zweiten ernsten Krise führen mit der Versuchung, aus dem moralischen Krampf in ein »kleines Ehedrama« zu flüchten.

Die richtige Überwindung des Ich-für-mich, genauer gesagt: die richtige *Wandlung* des Ichs in der Du-Beziehung verläuft anders: Mann und Frau lieben einander wirklich, aber jeder merkt wohl, daß sowohl bei ihm selbst als auch beim Partner starre Blöcke bestehen, die im Schmelzofen der Liebe nicht zergehen wollen. Das Entscheidende liegt nun darin, daß man weder den Andern wegen seines »Charakters« oder gar seines »Egoismus« angreift noch über sich selbst ein Klagelied anstimmt und in Selbstzerknirschung an sich arbeitet, sondern fröhlich und zuversichtlich miteinander sucht, was die Partnerschaft noch belastet, etwa so, wie man gemeinsam nach einer vergessenen Erinnerung sucht oder gemeinsam eine vergnügliche Reise oder ein Fest vorausplant. Beide geben dazu ihre spontanen Einfälle. »Schau, genau das ist es, was mich ab und zu an dir belastet, Angst einflößt, auf die Nerven geht . . . Was empfindest du eigentlich dabei? Was bedeutet dir diese Gewohnheit, diese Geste, dieses Bedürfnis?« Und dann kann der Partner plötzlich etwas sehr Persönliches von sich erzählen, vielleicht aus seiner frühesten Kindheit, und das weckt auch beim Andern eine vergessene Erinnerung. Das gelingt nur dann, wenn man den Partner nicht als »Ankläger« oder als »Beleidigten« vor sich fühlt, sondern wenn eben beide gemeinsam interessiert nach der Lösung eins Rätsels suchen. Denn jede Anklage bewirkt Abwehr, Verhärtung in der falschen Position. Ein solches partnerschaftliches Gespräch gelingt nicht immer, es muß richtig gelernt und eingeübt werden. Man hat schon Kurse organisiert, in denen die partnerschaftliche Haltung geübt wird. (Man lese z. B. das sehr hilfreiche Buch von MANDEL/STADTER/ ZIMMER, »Einübung in Partnerschaft durch Kommunikationstherapie und Verhaltenstherapie«.)

Ein solches Gespräch ist in dem Maße hilfreich, in dem es beiden Partnern gelingt, nicht nur ihre Ansichten, Standpunkte und »selbstverständlichen Rechte« aufzugeben, sondern auch sich selbst, ihre ganze Person mit ihrem Geheimnis zu

öffnen und preiszugeben. Und wiederum ist eine solche Preisgabe nur dann möglich, wenn man fühlt, daß der Andere
nicht seinen persönlichen Vorteil sucht und verteidigt, sondern die gemeinsame Partnerschaft vertiefen möchte. Dann
freilich kann eine ungeahnte Wandlung und Befreiung erfolgen, und das gemeinsame Leben ganz neu erscheinen.
Mit vollem Recht sagt ERNST STADTER in dem eben genann-
ten Buch: »Wenn jene Phasen erreicht werden, in denen
Gespräch und Beziehung optimal glücken, dann drängt sich,
mag das auch pathetisch anmuten, bisweilen spontan das
Wort ›Gnade‹ auf« (S. 385).

Der Dialog in der Ehe

Damit gelangen wir ganz von selbst zu einem wesentlichen Element der ehelichen Beziehung und des »großen Dramas« der Ehe: zum ehelichen Gespräch.

Wenn zwei Jungverliebte miteinander reden, geschieht das selten in einem echten Dialog. Es handelt sich wohl eher um einen mehr oder weniger lyrischen Hymnus, in dem sie sich gegenseitig bestaunen, etwa nach dem Muster des Hohen Lieds: »Wie schön bis du, meine Freundin, wie schön! Deine Augen glänzen wie Tauben hinter deinem Schleier hervor... — Mein Geliebter ist mein und ich bin sein, der auf Lilienauen weidet...« (Hld 4, 1; 5, 3.)

Weit tiefer geht das Gespräch, in dem man sich einander öffnet, seine Geheimnisse preisgibt und bereit ist, des Partners Geheimnisse entgegenzunehmen. Dennoch findet hier weniger ein echter Dialog, eine Wechselrede statt als gewissermaßen ein gegenseitiger Monolog, in dem einmal sie und einmal er sich alles vom Herzen reden und der andere zuhört.

Der eigentliche eheliche Dialog beginnt in dem Augenblick, in dem der eine Partner den anderen ernst nimmt und in ganz persönlicher Weise auf das ihm Gesagte antwortet, in dem sein egoistisches Interesse dem Interesse für die Person des Partners Platz macht. In dem Augenblick, in dem alles andere überragt wird von dem einen Gedanken: »Wie hat Gott dich gemeint?« Deshalb sollten sich beide schon vor der Eheschließung die Frage vorlegen: Reicht mein Interesse für die Person des Partners aus, um fünfzig Jahre des Lebens auszufüllen? Man kann über spannende Dinge miteinander reden: Moderne Kunst, neue Moral, Kampf gegen das Establishment, aktuelle Probleme der Biologie oder der Theologie, aber man kann nicht jahrelang von solchen gemeinsamen Interessen leben, sondern nur von der Dichte der persönlichen Partnerschaft.

Nun werden in der Ehe sehr viele unwesentliche Gespräche geführt. Mitteilungen über Alltagsereignisse, Diskussionen über konkrete Probleme des Haushalts, über Erziehungsfragen oder über Zukunftspläne, Meinungsaustausch über Menschen, Kunst, Politik, Religion — alle diese Gespräche sind durchaus notwendig und belebend. Aber neben ihnen müssen von Zeit zu Zeit wesentliche, persönliche Gespräche zwischen den Partnern stattfinden, bei denen, wie wir im letzten Abschnitt sahen, beide ganz offen, »existentiell nackt« voreinander sind und miteinander ihre Partnerschaft vertiefen und festigen.

Die große Gefahr liegt darin, solche Gespräche unpersönlich, sachlich, psychologisch oder pädagogisch zu führen. Man spricht wohl vom eigenen Problem, aber in objektiver Weise, als ob es sich um das Problem eines andern Paares handelte. Der eine oder auch beide legen eine bewunderswerte Selbsterkenntnis an den Tag, geben ihre Fehler ohne weiteres zu — und bleiben dennoch innerlich unbeteiligt. Sie sind zwar auf alle Argumente des Partners eingegangen, aber sie wurden dadurch nicht erschüttert, nicht in Frage gestellt und deshalb auch nicht wesentlich erneuert. Mit solchen »objektiven« Gesprächen weichen wir dem »großen Drama« aus; wir ziehen die interessante Unterhaltung vor.

Im echten Dialog übersehen wir nicht die Situation und wissen nicht, wohin das Gespräch uns führen wird. Wir versuchen nur, uns dem Partner verständlich zu machen, so wie wir gerade sind, auch in diesem demütigenden Augenblick, und auch ihn zu erkennen, dort wo er gerade steht.

Nun aber das Wichtigste: Der Dialog in der Ehe ist, wenn man ihn einmal richtig verstanden hat, nicht auf das eigentliche Gespräch beschränkt; es findet bei jeder beliebigen Gelegenheit statt, in einem Blick, dem Tonfall der Stimme, in der begleitenden Mimik und in jeder Geste zwischen den Partnern. Insbesondere ist die erotische Beziehung, von der leisen Zärtlichkeit bis zur leidenschaftlichen Vereinigung, Aus druck des ehelichen Gesprächs, sofern sie nicht nur die individuelle Befriedigung der Partner sucht, sondern die immer tiefere und immer wieder neue Partnerschaft. Und schließlich ist selbst das Schweigen eine Form des Dialogs: »Zwei Verschworene sind die Liebenden, Verschworene des Schweigens. Redet der Liebende zur Geliebten, so horcht die Geliebte mehr auf das Schweigen als auf das Wort. ›Schweige‹, scheint sie zu flüstern, ›schweige, damit ich dich höre.‹!« (MAX PICARD, »Die Welt des Schweigens«, S. 93.)

Mag sich der Dialog in der Ehe in Worten oder in Schweigen, in Hilfeleistungen oder in Zärtlichkeit ausdrücken, immer beansprucht er Zeit, sehr viel Zeit, unbemessene Zeit. Wer für seinen Ehepartner nicht immer wieder sehr viel Zeit bereit hält, läuft Gefahr, dieses grundlegende Element der Partnerschaft zu verfehlen.

Wende

Junge Eheleute werden im Gedanken an die Wechseljahre von einem leichten Grauen erfaßt: dann hört die Lebensfreude auf, dann geht es bergab. Und die Vierzigjährigen, die über ihr bisheriges Leben meistens enttäuscht sind, werden von der berüchtigten Torschlußpanik gepackt: In den nächsten paar Jahren müssen sie unbedingt ihre große Leistung vollbringen, die große Liebe kennenlernen, endlich ein wenig Glück erleben. Die Männer erhöhen bei verminderter Kraft ihre Arbeitsleistung, so daß sie nach zehn Jahren mit hohem Blutdruck oder Herzinfarkt zusammenklappen; die Frauen versuchen krampfhaft, mittels Kosmetik und Spätsport ihr Aussehen um zwanzig Jahre zu verjüngen; beide sind versucht, durch ein außereheliches Abenteuer sich ihrer (leicht abnehmenden) Potenz und ihrer (angezweifelten) Reize zu versichern. Es gibt nicht viele Männer, die zwischen Vierzig und Sechzig diese Versuchung nicht erfuhren, und wer ihr nachgab, kennt auch den beschämenden Katzenjammer.

Diese Einstellung kommt aus einem mangelnden Verständnis für die Fülle des Lebens. Die westliche Gesellschaft hat — im Gegensatz etwa zum Chinesen — den Fünfundzwanzigjährigen zum Norm- und Idealmenschen erklärt. Kräftig, rasch, potent, fit, schön, unbekümmert, das sind die verabsolutierten Eigenschaften, an denen jedermann gemessen wird. Natürlich fängt dann die Degeneration schon mit dreißig an, und der Fünfzigjährige ist nur noch eine Ruine. Das Leben zeitigt indessen noch andere Eigenschaften, z. B. Milde, Abgeklärtheit, Friedfertigkeit, Geduld, Freundlichkeit, Gütigkeit, Beharrlichkeit, Verständnis, Zuverlässigkeit, Weisheit, Reife, Demut. Diese Eigenschaften sind eine Frucht des Alters; mit Fünfzig beginnt man gerade, von ihnen zu wissen. Man lese etwa das herrliche Buch von M. B. Kennicott »Das Herz ist wach«, Briefe einer Liebe.

Ebenso willkürlich ist es, die Achtzehnjährige als weibliches Schönheitsideal hinzustellen. Die fünfzig- und sechzigjährige Frau besitzt andere Eigenschaften, die den ebenfalls reifen Mann ungleich mehr anziehen. Seine Sexualität wird durch die junge Frau wohl stärker angeregt, aber ist er denn wirklich nur ein Körper und ein Sexualapparat? Hat er nicht auch ein Bedürfnis nach Mitteilung und geistigem Austausch, ein Verlangen nach Zärtlichkeit und innigem Verständnis, nach dem Erlebnis der totalen Liebesgemeinschaft, das ihm die viel jüngere Partnerin unmöglich geben kann? Wenn es der jungen Frau zunächst auch schmeicheln mag, vom erfahrenen und reifen Mann umworben zu werden, so wird sie sich doch sehr bedanken, sowie sie spürt, daß diese Werbung nur ihrem Körper gilt und er zu ihrer Seele eigentlich keinen Zugang findet. Wer wirklich versucht ist, mit 50 oder 60 Jahren sich scheiden zu lassen, um mit einer jungen Partnerin »ein ganz neues Leben« anzufangen, der bedenke folgendes: Wenn ein Sechzigjähriger in seinem Garten eine große alte Linde stehen hat und plötzlich findet, ein Nußbaum wäre schöner, dann mag er den alten Baum fällen und einen jungen Nußbaum setzen; er wird indessen nicht mehr in seinem Schatten sitzen, sondern der ausgewachsene Baum wird höchstens noch sein Grab beschatten.

Es geht für Mann und Frau darum, selber reif zu werden, dem Andern zu helfen, reif zu werden, und ihre eheliche Verbindung reifen zu lassen. Dann werden sie mit fünfzig Jahren aneinander nicht nur die gleiche Freude haben wie am ersten Tag, sondern ihre Liebe wird unvergleichlich reicher, tiefer und beglückender sein. Eine Ehe, die in den Wechseljahren Schiffbruch erleidet, war schon immer falsch geladen und lebte nur von der sexuellen Anziehung. In der lebendigen Ehe wird das Nachlassen der körperlichen Kräfte und das Entstehen der Hautfalten gar nicht beachtet; denn jene werden durch liebenden Eros mehr als wettgemacht, und diese zeichnen und formen immer tiefer das täglich mehr geliebte Gesicht.

Ja, die lieben Falten! Einmal betrachtete ich meine Frau, während sie schlief. Sie war nicht »alt«, hatte aber einige Falten im Gesicht. Diese kleinen Falten über den Augenbrauen machte sie, wenn sie eine witzige Frage stellte; jene senkrechten in der Mitte, wenn sie angestrengt nachdachte. Die größeren waagrechten Falten bekam sie, als ich krank war und wir um die Zukunft bangten. In den Augenwinkeln sah ich die ganze strahlende Liebe, mit der sie unser Kind anblickte, während jene Fältchen um den Mund dann in Erscheinung traten, wenn sie eine besonders schöne Blume oder ein lustiges Tierchen sah. »Unser Herrgott hat doch Humor, daß er solche Wesen erschaffen hat«, sagte sie dann. Je mehr ich in ihr Gesicht schaute, desto mehr Erinnerungen tauchten auf, und desto unmittelbarer schaute ich ihr Wesen. Des Menschen Gesicht enthält in Kurzschrift seine ganze Biographie.

Gewiß wurden auch schwere, dramatische Erinnerungen geweckt. Einige Falten waren stille Anklagen gegen mich. Ich las in ihnen den Kummer, den ich ihr dann und damals und wiederum bereitete. Der Vorwurf, den sie nie aussprach, um mich zu schonen, drückte sich in jener kleinen Falte aus, die vorher nicht da war. Verstehe ich diese Zeichensprache? Bin ich vor mir ehrlich genug, sie anzunehmen?

Das junge Gesicht, das noch keine Falten zeigt, mag lieb und reizend sein, aber es ist noch unpersönlich, es steht noch nichts darin geschrieben, wir können uns die Persönlichkeit nur in Gedanken ausmalen. Die Falten des reifen Gesichts gehören hingegen einer ganz bestimmten Persönlichkeit: So bin ich — liebst du mich, wie ich bin?

Die Liebe des reifen Menschen gilt nicht einem »Typ«, einem Idealbild oder einer Traumgestalt, sie gilt einer wirklichen Person, die so und so geworden, so und so »gefaltet« ist. So wie meine Frau im Lauf der Jahre geworden ist, so bin auch ich geworden, sie weitgehend durch mich ich weitgehend durch sie. In den Falten unserer Gesichter drückt sich die einmalige Gestalt unserer Ehe aus.

Man vergleicht das Menschenleben — und damit auch das Eheleben — oft mit dem einer Pflanze, die im Frühjahr blüht, im Sommer Früchte trägt, im Herbst verwelkt und im Winter stirbt. Da gibt es eindeutig eine schöne Zeit, den Monat Mai, und das ganze Jahr sehnt man sich nach ihm zurück. Aber das Menschenleben verläuft anders. Der Mensch kommt als »Naturwesen« zur Welt, unpersönlich wie die Natur, und das drückt sich auf seinem jungen Gesicht aus. Je reifer er wird, desto deutlicher wird er von Gott angesprochen und gezeichnet. Er entwächst seiner Naturhaftigkeit und wird eine Person. Und die Falten, die allmählich auf seinem Gesicht entstehen, bedeuten kein Verwelken, sondern eben das Angesprochen- und Gezeichnetsein durch Gott.

Wem der Sinn für dieses unaufhörliche Reifen aufgegangen ist, der bejaht auch auf dieser Stufe das »große Drama« der Ehe und weicht nicht in die »kleinen« Dramen aus, die so vielen Frauen bitteren Kummer und ihren Männern ebenso bittere Beschämung bringen.

Von der Ehescheidung

Die »dramatischste« Flucht aus dem großen Drama der Ehe ist wohl ihre Scheidung. Deshalb will ich gerade an dieser Stelle einige Worte darüber sagen.

Wenn Mann und Frau wirklich zu einem neuen Wesen, zu einer »Ehe-Person« zusammengewachsen sind, dann kann man sie sowenig voneinander scheiden, wie man ein Lebewesen entzwei schneiden kann. »Was Gott zusammmgefügt hat, soll der Mensch nicht scheiden.« Aber sind wir so sicher, daß jede Ehe durch die zivile oder auch durch die kirchliche Trauung gewissermaßen automatisch auch von Gott zu einer wirklich lebendigen Ehe-Person geschaffen wird? Kann die Trauung Gott zwingen, zwei Menschen zusammenzufügen, die nicht zusammenpassen und nur aus wirtschaftlichen, primitiv-sexuellen oder neurotischen Gründen einander heiraten wollen? (Man lese darüber die freimütigen Äußerungen von KARL BARTH, K. D. III, 4, S. 232 ff.) Freilich, Gott kann aus seiner freien Gnade eine Ehe segnen, die aus menschlich zweifelhaften Gründen geschlossen wurde, aber es steht nicht in unserer Macht, ihn dazu zu verpflichten.

So werden wir also zugeben müssen, daß es getraute Paare gibt, die nie zu einer wirklichen Ehe zusammengewachsen sind, die weiter als zwei Einzelmenschen nebeneinander leben und einander gerade deshalb oft schwer belasten. Erweist es sich praktisch als unmöglich, sie zur ehelichen Gemeinschaft zu führen, dann sollte man hier keine allzu großen Bedenken haben, eine solche »Ehe« zu scheiden, d. h. eigentlich als »ungültig«, als »Nicht-Ehe« zu erklären, womöglich bevor Kinder aus ihr hervorgegangen sind. Die Katholische Kirche, die am konsequentesten jede Scheidung ablehnt, hat schon immer die zwar gültig geschlossene, aber körperlich nicht »vollzogene« Ehe als auflösbar erklärt im Sinn einer Nichtigerklärung. Neuerdings anerkennt sie auch die Möglichkeit, eine Ehe für nichtig zu erklären, in der die Ehegatten seelisch nicht eins geworden sind, die also seelisch-geistig »nicht vollzogen« wurde (Impotentia moralis sive psychologica). Wann dieser Tatbestand vorliegt, ist freilich nicht einfach festzustellen; auf alle Fälle ist es keine Frage des Rechts und des Rechthabens, sondern eine solche der Existenz der Ehe, also der Ehekunde.

Hier interessiert uns jedoch die andere Frage: Kann eine wirkliche Ehe, eine solche, in der Mann und Frau tatsächlich »eine Person« geworden sind, geschieden werden? Ich sage es gleich rund heraus: Eine wirkliche Ehe erträgt Streit, harte Worte, vorübergehende oder auch längere Lieblosigkeit, lange Krankheit und auch Ehebruch. All diese Dinge gehören zu den schweren Prüfungen, die im großen Drama der Ehe einem oder beiden Ehepartnern auferlegt werden können. Wer bei solchen Gelegenheiten mit Scheidung droht oder sich gar zur Scheidung berechtigt glaubt, der verleugnet seinerseits die Ehe (löst sie aber damit nicht auf). In der wirklichen Ehe erfährt man gerade in solchen Krisen die wirksame Gegenwart Gottes. Was er zusammengefügt hat, das hält er auch fest, und er gibt den Eheleuten die Kraft, durchzuhalten, durchzutragen, durchzuglauben, bis die Krise durchgelebt ist und eine neue Verbundenheit entsteht, wie nie zuvor. Das ist keine Theorie, sondern eine immer wieder gemachte Erfahrung, auch wenn die Krise mehrere Jahre dauerte. Rein »medizinisch« betrachtet erweist sich ein lebendiger Organismus viel zäher und regenerationsfähiger, als es sich der Laie vorstellt. So ist es auch mit der lebendigen Ehe, die oft erst in der schweren Krise ihre Tiefe und Fülle offenbart.

Als sich Luther vom Teufel angefochten fühlte, schrieb er auf ein Blatt Papier: »Baptizatus sum — Ich bin getauft.« Er dachte da wohl nicht nur an die äußere Handlung, sondern an die mit ihr verbundene Verheißung Gottes: »Ich habe dich bei deinem Namen gerufen, du bist mein.« Und auf Grund dessen konnte ihm sein Teufel nichts antun.

Genauso kann der oder können die Ehegatten bei schweren Anfechtungen sagen: »Ich bin verheiratet.« Nicht nur wegen der vollzogenen Trauung, sondern weil wir erlebt haben, daß Gott uns zusammengefügt hat, daß er der Dritte in unserer Ehe ist. Daß wir uns nicht scheiden lassen, ist nicht nur eine »Pflicht«, eine »Konvention«, eine soziale Unmöglichkeit, sondern der täglich frei bestätigte Entschluß, Gottes Hilfe immer wieder dankbar anzunehmen und seine Treue mit unserer Treue zum Ehegatten zu beantworten.

Doch ich will auch unumwunden zugeben, daß es furchtbar schwere Ehen gibt, Ehen mit einem lieblosen, nicht nur untreuen, sondern treulosen, ja vielleicht bösartigen und süchtigen Ehepartner, bei denen menschlich gesehen kaum Hoffnung auf eine Besserung besteht. Und Gott schweigt. Solche Ehen können buchstäblich das Kreuz bedeuten, an dem sogar Jesus ausrief: »Mein Gott, mein Gott, warum hast du mich verlassen?« Keiner von uns kann einem Andern das Kreuz als »Pflicht« auferlegen, und niemand kann ihn verurteilen, wenn er unter diesem Kreuz zusammenbricht und erklärt: »Ich kann einfach nicht mehr.« Wenn er aber von sich aus sein Kreuz auf sich nimmt und es tragen will, weil Jesus das Kreuz getragen hat und verheißen hat, mit ihm zu gehen, dann wird er den Herrn in ganz besonderer Weise erfahren, und Menschen, die in der Nähe sind, werden vielleicht wie jener Hauptmann sagen: »Hier ist in Wahrheit Gottes Sohn gegenwärtig.« Und was von diesem letzten Kreuz gilt, gilt erst recht für die vielen »kleinen Kreuze«, die wohl in jeder Ehe manchmal getragen werden müssen.

Ich habe hier sehr direkt von Christus gesprochen, und es wird manchen Leser geben, der jetzt denkt, das gehe ihn nichts an, er könne mit diesem Namen nichts anfangen. Deshalb möchte ich ausdrücklich feststellen, daß das »objektive Phänomen der Ehe«, von dem MAX PICARD spricht, in jeder Ehe besteht, die von den Ehegatten als solche verstanden wird, in der christlichen wie in der kommunistischen oder atheistischen Ehe. Jeder kann diese »dritte Kraft« in der Ehe erleben. Als Christ bin ich zudem überzeugt, daß

Christus auch bei den Eheleuten anwesend und wirksam ist, die nicht an ihn glauben oder ihn überhaupt nicht kennen. So etwa, wie die ultravioletten Strahlen der Sonne auch die Leute bräunen, die von ihnen nichts wissen. (Ich erinnere hier noch einmal an die auf S. 99 angeführten Worte von KARL MARX über die »Gesetze der Ehe«.)

Wir müssen aber auch einsehen, daß es Ehen gibt, die einmal lebendig waren und jetzt tot sind. Gewiß werden sich die Ehegatten — und erst recht der Eheberater, wenn sie einen solchen zuziehen — so lange wie möglich gegen diese Annahme wehren, wie der gute Arzt bis zuletzt um das Leben seines Patienten kämpft. Aber es kann dennoch der Tod eintreten, und dann wird auch ein guter Eheberater die Konsequenz ziehen müssen, vielleicht in einem Gutachten für das Gericht, wie auch der Arzt für seinen Patienten einen Totenschein ausfüllt. Nun wird man fragen: »Wann ist eine Ehe als »tot« zu bezeichnen?« Dieser »Tod« läßt sich zwar nicht ganz so eindeutig feststellen wie der Tod eines Lebewesens, aber man wird doch sagen dürfen: Wenn alle »Wiederbelebungsversuche« versagen und die Ehe längere Zeit hindurch kein Lebenszeichen mehr gibt, ja wenn sogar Zersetzungserscheinungen auftreten, dann wird man wohl oder übel den »Tod der Ehe« annehmen müssen. Und dann ist die Scheidung gewissermaßen ihr Begräbnis. Sehr klar sagt auch hier KARL MARX: »Die Ehescheidung ist nichts als die Erklärung: diese Ehe ist eine gestorbene Ehe, deren Existenz nur Schein und Trug ist. Es versteht sich von selbst, daß weder die Willkür des Gesetzgebers noch die Willkür der Privatpersonen, sondern nur das Wesen der Sache entscheiden kann, ob eine Ehe gestorben ist oder nicht, denn eine Todeserklärung hängt bekanntermaßen vom Tatbestand und nicht von den Wünschen der beteiligten Parteien ab.« (Gesamtausgabe Bd. I, 1, S. 318).

Nicht selten sind Ehegatten, namentlich Männer, gerade in den Wechseljahren versucht, ihre 20- oder 25jährige Ehe scheiden zu lassen und eine neue anzufangen. Diese Ehen sind in den seltensten Fällen »tot«, vielmehr sind die Partner vorübergehend müde, zerstritten oder auch eine Zeitlang impotent, und sie geben die Schuld dem Andern oder der Ehe, anstatt mit allem Mut diese Hürde zu überwinden. Falls eine zweite Ehe geschlossen wird, ist sie selten glücklich, und bald stellt sich die Sehnsucht nach dem ersten Partner wieder ein. Ganz allgemein darf man sagen: Eine Ehe um die silberne Hochzeit herum sollte nie geschieden werden. Sie stellt den Ehegatten eine neue Aufgabe; wenn sie gemeinsam an ihre Lösung herantreten, werden sie Wunder erleben.

Die alte Ehe

Auch in der alten Ehe können, wenn auch in größeren Abständen, beglückende Geschlechtsbeziehungen stattfinden. Es ist wichtig, das zu wissen, weil manche Frauen meinen, das »schicke sich einfach nicht«, auch wenn sie im Grunde möchten. Auf alle Fälle braucht der Eros, die gegenseitige zärtliche Anziehung, bis ins hohe Alter nicht abzunehmen. Doch es kommt etwas anderes, neues hinzu, das noch beglückender sein kann als die erotische Beziehung. Man könnte es bezeichnen als ein gemeinsames Reifen, ein gemeinsames Abgeklärtwerden, ja als die gemeinsame Vorahnung des Ewigen Lebens. Man freut sich immer noch gleich aneinander, man genießt die kleinen und großen Freuden des Alltags wie eh und je, aber darüber liegt ein ganz eigenartiger Glanz. Vielleicht rührt das daher, daß man keine großen Zukunftspläne mehr macht, man vergißt nicht — wie es früher so oft geschah — die Gegenwart um der fraglichen Zukunft willen; sondern man lebt ganz in der Gegenwart, man nimmt jeden neuen Tag als Geschenk dankbar an und hält ihn für so kostbar, als ob er der letzte wäre. Aber dieser letzte Tag, der nun immer näher rückt, wird, so fühlt man immer deutlicher, keine totale Zerstörung bedeuten, sondern ein Aufgehobensein in einer andern Weltdimension. Der Christ sagt dafür ganz schlicht: Aufgehobensein in Gottes Hand.

In dieser Zeit kann die Beziehung der alten Eheleute zu jungen Menschen für beide Teile sehr fruchtbar und beglückend sein. Ich denke jetzt nicht so sehr an die »Verjüngung« des alten Menschen durch den Kontakt mit jungen, obschon dieser eine wichtige Rolle spielen kann. Das klassische Beispiel: König David und das junge Mädchen Abisag. »Das Mädchen war sehr schön, und sie pflegte den König und bediente ihn; aber der König wohnte ihr nicht bei.« (1 Kön

1, 4.) Vielmehr denke ich jetzt an die Freundschaft eines alten Paares mit einem jungen Paar oder auch mit einzelnen jungen Menschen. Wenn die Alten sich nicht belehrend und stets besserwissend benehmen, sondern richtig partnerschaftlich und dankbar für die Anregungen der Jungen, dann kann eine tiefe Freundschaft entstehen, wie sie unter Gleichaltrigen in dieser Form nicht möglich ist. Vielleicht schwingt ein leichter erotischer Unterton mit, aber er darf nie dominieren, sonst geht die Freundschaft zugrunde.

Das Alter muß nicht, aber es kann den körperlichen und vor allem seelischen Zerfall des einen oder beider Ehepartner bedeuten. Schwere Zirkulationsstörungen oder Arthrosen, mehr noch eine allmählich fortschreitende Gehirnsklerose oder der Zustand nach einem Schlaganfall sind für den gesünderen Partner unter Umständen eine schwere Belastung. Die innerste Ehegemeinschaft kann dadurch gestört werden; man kann nicht mehr miteinander reden, oder der Charakter verändert sich. In gewissen Fällen kann die Ehe jetzt zum Kreuz werden — erst recht muß sie jetzt getragen werden. Es geht wohl in erster Linie darum, dem kranken Partner so weit wie möglich Hilfe, Beistand und Geborgenheit zu geben. In einem tieferen Sinn geht es aber auch darum, im noch so hilflosen und veränderten Partner Ausdrücke seiner früheren Persönlichkeit wiederzuerkennen und gerade diese anzusprechen. Vielleicht entdecken wir dabei im alten, zerfallenden Menschen das Kind, das er früher war. Der alte Mensch wird nicht nur »kindisch«, sondern auch echt kindlich in einem rührenden und beglückenden Sinn. Vielleicht ist der Ehepartner überhaupt der einzige, der das wahrnehmen kann, und nun ist er für den Kranken auch ein wenig Vater und noch mehr Mutter, auch wenn er bis jetzt nur Ehemann war. In jeder Situation können wir für den geliebten Menschen dasein, *liebend da sein,* und das fühlt auch der Schwerkranke als ein Glück, selbst wenn er es kaum mehr ausdrükken kann.

Freilich kann diese Situation, besonders wenn sie sich über Jahre hinzieht, dem gesünderen Partner, der selber ja auch schwächer wird, schwere Anfechtungen bringen. Entgegen unserem bewußten guten Willen regen sich egoistische Wünsche, Träume von »Freiheit«, Flucht in Phantasien; ja es können zeitweise Ressentiments und Haßgefühle auftauchen. Wir müssen dann ganz nüchtern feststellen, wie auch wir vom Zerfall bedroht sind und wie Wellen des Bösen aus früheren Zeiten aufsteigen. Das mag uns vor dem »Helfer-hochmut« bewahren, der jeden Opferwilligen belauert. Doch nie erleben wir auch so wirklich, so objektiv und von unserem Willen und Können unabhängig das Band der Ehe, das uns zusammenhält »für gute und für böse Tage, bis der Tod uns scheidet«. Unsere persönliche Liebe erschöpft sich mit der Zeit, aber Christus ist da, der »Dritte in der Ehe«, und mit ihm zusammen wird unsere Liebe immer wieder erneuert. Mögen diese Ausdrücke noch so oft mißbraucht werden — in der alten Ehe sind sie unmittelbare Wirklichkeit.

Ehe und Tod

Einmal kommt es zum letzten Akt des großen Dramas der Ehe: zum Tod. Erst ist zu sprechen vom »vorzeitigen Tod«, vom Tod in jungen und mittleren Jahren, nach kurzer Krankheit oder gewaltsam durch Unfall oder Krieg. Dieser Tod wird als grauenvolle Verstümmelung empfunden, als eine Amputation ohne Narkose. Hier gibt es kaum einen allgemein gültigen Trost. Es geht jetzt darum, dem Alleingelassenen irgendwie beizustehen, im buchstäblichen Sinn »bei ihm zu stehen«, vielleicht nur schweigend. Er muß seinen Schmerz ausleben, aber er darf nicht in ihm versinken, und dazu braucht er Gemeinschaft. Nun ist es auffallend, wie häufig die bisherigen Freunde des Paares sich vom überlebenden Teil zurückziehen. Falsch verstandene Scheu mag der Grund sein, Angst, sich irgendwie falsch zu benehmen, ein instinktives Grauen vor dem Schmerz des Andern oder irgend etwas anderes — auf jeden Fall ist diese Haltung falsch und lieblos. Das sei allen Freunden eines durch den Tod getrennten Paares eindringlich gesagt. Der Überlebende seinerseits soll alles meiden, was diese Scheu der Freunde verstärken könnte, er soll ihnen möglichst natürlich begegnen und sie von sich aus aufsuchen oder zu sich einladen.
Es gibt Menschen, die einen solchen Verlust, selbst den Unfalltod der Mutter von vier Kindern, mit unerschüttertem Glauben tragen können. »Gott hat's gegeben, Gott hat's genommen; der Name des Herrn sei gelobt.« Wir können sie nur bewundern, vielleicht sogar beneiden. Wohl die meisten erleben in einer solchen Situation neben dem unerträglichen Schmerz eine wilde Auflehnung gegen Gott: »Wie konnte er solches zulassen? Das ist doch sinnlos, ungerecht, grausam...« Sie zweifeln an seiner Liebe, zweifeln vielleicht überhaupt an seiner Existenz. Hüten wir uns, wir

»Bewahrten«, solche Menschen als »kleingläubig« zu bezeichnen und zu einer demütig gläubigen Haltung zu ermahnen. Ihre Auflehnung kommt ja gerade aus ihrem (enttäuschten) Glauben. Wenn wir versuchen, ihnen den Sinn ihres Schmerzes mit frommen Reden begreiflich zu machen, dann wollen wir gewissermaßen die »Anwälte Gottes« spielen, wie es die Freunde Hiobs taten, als sie seinen Aufruhr gegen Gott besänftigen wollten. Gott ist mächtig und gütig genug, um sich selber zu rechtfertigen und den Zerschlagenen so zu trösten, wie es sich kein Mensch ausdenken kann. Deshalb sagt Gott zu Hiobs Freunden: »Mein Zorn ist entbrannt wider euch; denn ihr habt nicht recht von mir geredet wie mein Knecht Hiob.« (Hiob 42, 7 f.)

Anders ist die Situation, wenn der Ehegatte nach einer langen Krankheit oder im hohen Alter stirbt. Hier können sich die Partner gemeinsam auf diese Trennung vorbereiten und einander im voraus gegenseitig trösten. Dieser letzte Dialog des großen Ehedramas ist der tiefste und umwälzendste. Jetzt sieht jeder ein, daß er sich nicht mehr lange am geliebten Partner halten kann, sondern daß sie beide der unwiderruflichen Trennung entgegengehen. Unwiderruflich. Und jetzt beginnt das größte Abenteuer mit Gott, in dem wir uns — vielleicht zum ersten mal im Leben — ganz ehrlich, ganz rückhaltlos, ohnmächtig, auf Gnade und Ungnade ihm ausliefern. Im Sterben ist mir jede Macht genommen und jeder Halt auch am liebsten Menschen. Nackt und allein stehe ich vor Gott. Und das wohl noch Schwerere: Wenn mein Ehepartner stirbt, muß ich ihn ganz aus der Hand lassen, ihn, der mir so viel teurer ist als mein eigenes Leben, allein in die unbekannte Nacht sinken lassen. Aber ich glaube nun zuversichtlich, daß er in dieser Nacht in Gottes Schoß sinkt, der meinen Partner noch unsagbar mehr liebt, als ich es je vermochte.

Ich kann mir das Ewige Leben in keiner Weise vorstellen. Aber ich kann mir noch weniger vorstellen, daß uns Gott, der uns ein Leben lang begleitet und geliebt hat, mit dem Tod einfach ins Nichts fallen läßt. Wenn er uns aber irgendwie

»auferweckt«, »in seine Herrlichkeit aufnimmt«, dann muß doch auch die Liebe und Verbundenheit, die zwischen zwei Ehegatten bestanden hat, in dieser Herrlichkeit weiterleben. Mehr wage ich nicht auszusprechen, aber es genügt mir.

»Es gibt Ehen, die mit dem Tode des einen Eheteils endigen. Es gibt Ehen, die Ehe sind«, sagt HERMANN OESER.

Man hat das Leben mit einer Bühne verglichen, auf der wir eine Zeitlang spielen und dann abtreten müssen. Wollen wir dieses Bild aufnehmen, möchte ich sagen: Das Alter ist nicht mit dem fünften Akt einer Tragödie zu vergleichen, nach dem der Vorhang fällt, und die Lichter gelöscht werden. Vielmehr gleicht es den letzten Takten der Ouvertüre, nach denen der Vorhang aufgeht, das Licht erstrahlt und das Eigentliche beginnt.

Das Geheimnis der Ehe[*]

Das Geheimnis der Ehe (und jedes echten Liebespaares) lautet ganz kurz: »Sie sind nicht mehr zwei, sondern eins.« Wie ist das möglich?

Am Anfang steht wohl das heilige Versprechen, der Liebesschwur. Aber hält ein solches Versprechen wirklich ein langes schwieriges Leben aus? Junge Menschen zählen auf die Liebesgefühle; aber bald erfährt man, wie schwankend diese sein können.

Anderer Art ist die Überzeugung, daß die Liebe durch die Dauer keine Abnützung erfährt, sondern im Gegenteil immer stärker und tiefer wird. Diese Überzeugung beruht auf der Erfahrung aller guten Paare durch Jahrzehnte hindurch. Ist ein junges Paar von der Wichtigkeit der Dauer für die Liebe überzeugt, dann wird es alles daran setzen, diese Dauer zu sichern und damit seine Liebe zu vertiefen. Das sicherste Mittel besteht darin, die Brücken hinter sich abzubrechen und sich einander auf Gedeih' und Verderb' auszuliefern.

Dieses getroste Festhalten in der Dauer wollen wir als *Beständigkeit* bezeichnen. Durch sie erfahren Mann und Frau eine existenzielle Wandlung; aus Individuen werden sie zu

---

*) Die wichtigsten Gedanken dieses Kapitels lehnen sich an einen Aufsatz von JACQUES DE BOURBON-BUSSET an: »La constance des amants est l'espoir du monde.« (La Nef, 46/46, février-mai 1972, Paris 14e, Libr. J. Tallandier.)

Lebenspartnern. Jeder sagt zum andern: »Weder du ohne mich, noch ich ohne dich.«

Aber ist eine solche Wandlung denn so ohne weiteres möglich? Nein. »Bei den Menschen ist's unmöglich.« Doch an dieser Stelle setzt das *Wunder* ein. Jede Ehe, jede beständige Liebe *ist* ein Wunder. Ja dies ist so überwältigend, daß Menschen, die eine echte Ehe, eine beständige Liebe erlebt haben, ganz schlicht und einfach an Wunder *glauben*. Auch für die größere Gemeinschaft, auch für die soziale Gerechtigkeit, auch für den Weltfrieden.

Einige sehr nüchterne Männer haben das gewußt: KARL MARX hielt die Beziehung von Mann und Frau für die unmittelbare, natürliche, notwendige Beziehung von Mensch zu Mensch. SIGMUND FREUD sagte, die Liebe sei in der Entwicklung der Menschheit wie des Individuums der wichtigste Motor der Kultur gewesen und habe den Weg vom Egoismus zum Altruismus gebahnt. Und schließlich erklärte DAVID BEN GURION: »Wer hier in Israel nicht an Wunder glaubt, der ist nicht realistisch.«

Verstehen wir uns recht! Es geht hier nicht um einen letzten Versuch, die Institution der Ehe oder die Monogamie vor gewissen ehefeindlichen Strömungen zu retten, und es geht nicht um eine neue Idealisierung oder Sakralisierung der Ehe, am wenigsten um eine Ehe-Ideologie. Es geht auch nicht um einen großen ethischen Aufruf zur Treue — ja es geht überhaupt nicht um Ethik. Vielmehr geht es um die sachliche Unterscheidung von zwei Tatbeständen:

Es gibt Liebesbeziehungen, die Wochen, Monate oder Jahre dauern, und die an gegenseitiger Beglückung und Tiefe vollkommen sein können. In der leidenschaftlichen Umarmung glauben die Liebenden »eins« zu sein — und für einen Augenblick sind sie es auch wirklich —, aber nach einiger Zeit wächst die Entfernung wieder, und sie bleiben zwei. Solche Beziehungen sind durchaus wertvoll und dürfen ethisch in keiner Weise abgewertet werden. — Auf der andern Seite gibt es Liebesbeziehungen, die von Anfang an oder sehr bald das gesamte Leben und die Zukunft der Liebenden in Beschlag nehmen. Diese haben sich endgültig für einander engagiert, und die auch bei ihnen auftretenden Krisen und Schwierigkeiten finden sich in ihrer Beständigkeit aufgehoben. Diese Beziehungen gleichen der einen kostbaren Perle, für die der Kaufmann alles, was er hatte, verkaufte. Sie sind vielleicht psychologisch sehr unvollkommen, sie sind an sich nicht »moralischer« oder »heiliger« als die Erstgenannten. Aber weil hier *alles* eingesetzt wurde, schenkt ihnen Gott sein Wunder. Nicht die Ehe als solche ist heilig, aber *in* ihr wirkt Gott Wunder.*

»Niemand wird gezwungen, eine Ehe zu schließen«, sagte MARX, aber — so fahren wir fort — wer eine wirkliche Ehe schließt, der erfährt tagtäglich, was ein Wunder ist. Das bezeugen die Liebenden nicht in Worten und Theorien, sondern durch ihre schlichte Existenz: durch die Art, wie sie miteinander leben, und die Ausstrahlung, die sie in diesem Zusammenleben auf andere haben.

Wir gehen wahrscheinlich einem äußerst rationalisierten Zeitalter entgegen, in dem Computer denken und Vollautomaten handeln. Um so entscheidender wird es sein, daß in den Liebespaaren — in den unzähligen echten menschlichen Paaren — die Gefühle lebendig bleiben, und die aufwachsenden Kinder Liebe, Zärtlichkeit, Geborgenheit und Beständigkeit erfahren. Nur unter dieser Bedingung kann der Aufschwung der Wissenschaft und Technik einen Segen bedeuten und nicht den Weltuntergang. Diese Paare aber werden wissen, daß das Entscheidende dabei ein Wunder, ein unaussprechliches Geheimnis bleibt.

»Die Beständigkeit der Liebenden ist die Hoffnung der Welt.«

---

* Wäre hier vielleicht die alte Streitfrage der Sakramentalität der Ehe neu zu fassen? Die Ehe an sich ist wohl »ein äußerlich leiblich Ding«, wie Wasser, Brot und Wein. Aber für die »Beständigen Liebenden« ist sie auch der Ort, an dem Gott Wunder tut. So wie auch Taufe und Abendmahl »Orte« von Gottes Gnade und Vergebung sind. Man kann statt »Ort« ebensogut »Zeichen« sagen, dann ist man der katholischen Auffassung des Sakraments mindestens sehr nahe. Ich gestehe aber, daß ich mich als Mediziner für diese Streitfrage nicht stark ereifern kann.

Schriften zur Ergänzung
Eine Auswahl

Adam, A.: Der Primat der Liebe. 225 S. Köln 1948, Staufen

Bailey, D. S.: Mann und Frau im christlichen Denken. 333 S. Stuttgart 1963, Klett

Baltensweiler, H.: Die Ehe im Neuen Testament. 288 S. Zürich-Stuttgart 1967, Zwingli

Bárczay, G.: Revolution der Moral? 280 S. Zürich-Stuttgart 1967, Zwingli

Barth, K.: Kirchliche Dogmatik, besonders Band III/4, 810 S. Zollikon-Zürich 1951, Evang. Verlag

Beer, E. u. U.: Die Liebe muß bleiben. 132 S. Tübingen 1965, Katzmann

Bovet, Th.: Ehekunde. 2 Bände. 2. Aufl. Bern-Tübingen 1967, Haupt/Katzmann

Bovet, Th.: Kompendium der Ehekunde. 228 S. Bern-Tübingen 1969, Haupt/Katzmann

Brunner, E.: Das Gebot und die Ordnungen. 682 S. Zürich 1932, Zwingli

Buber, M.: Ich und Du. 138 S. Berlin 1923, Schocken. Neue Ausgabe 160 S. Köln 1966, Hegner

Davis, M.: Die sexuelle Liebe in der Ehe. 297 S. Stuttgart 1965, Günther

Duss-von Werdt, J. u. Hauser, G.-A.: Das Buch von Liebe und Ehe. 423 S. Olten 1970, Walter

Fischer, J.: In der Liebe wachsen. 56 S. Lahr 1967, Kaufmann

Gagern, E. F. v.: Eheliche Partnerschaft. 10. Aufl. 1969, 396 S. München, Manz

Gössmann, E.: Mann und Frau in Familie und Öffentlichkeit. 125 S. München 1964, Hueber

Grimm, R.: Liebe und Sexualität. Versuch einer theologischen Ethik. 124 S. Tübingen 1965, Katzmann

Keil, S.: Sexualität. Erkenntnisse und Maß-Stäbe. 249 S. Stuttgart 1966, Kreuzverlag

Keyserling, H.: Das Ehe-Buch. 426 S. Celle 1925, Kampmann

Leist, F.: Liebe und Geschlecht. 269 S. Stuttgart 1953, Schwab

Leist, F.: Utopie Ehe zwischen Pornographie und Prüderie. 233 S. Tübingen 1973, Katzmann

Lemaire, J.-G.: Ehekonflikte. 202 S. Göttingen 1968, Vandenhoek & Ruprecht

Mandel/Mandel/Stadter/Zimmer: Einübung in Partnerschaft. 448 S. München 1971, Pfeiffer

Masters, W. H. & Johnson, V. E.: Impotenz und Anorgasmie. Zur Therapie funktioneller Sexualstörungen. 410 S. Frankfurt 1973, Goverts Krüger Stahlberg

Mehl, R.: Die Familie lebt. Eine Ehe- und Familienethik der Gegenwart. 136 S. Gütersloh 1964, Gerd Mohn

Oeser, H.: Ein Ehzuchtbüchlein. 195. Tsd. Heilbronn 1967, Salzer

Picard, M.: Die unerschütterliche Ehe. 263 S. Erlenbach-Zürich 1942, Rentsch

Plattner, P.: Glücklichere Ehen. 85 S. Bern 1962, Huber

Pury, R. de: Liberté à deux. 66 p. Genève 1967, Labor et Fides

Ringeling, H.: Theologie der Sexualität. 264 S. Gütersloh 1968, Mohn 2. Aufl. 1969

Robinson, M. N.: Die erfüllte Frau. 184 S. München, Goldmanns Gelbe Taschenbücher Nr. 1545

Rössner, L.: Kultivierung der Geschlechtsbeziehungen. 167 S. Neuwied 1968, Luchterhand

Scherer, G.: Ehe im Horizont des Seins. Zu einem neuen Verständnis der Sexualität. 2. erw. Aufl. 1967. 278 S. Essen, Driewer

Thielicke, H.: Sex. Ethik der Geschlechtlichkeit. 311 S. Tübingen 1966, Mohr

Trillhaas, W.: Sexualethik. 164 S. Göttingen 1969, Vandenhoek & Ruprecht

Trobisch, W.: Heiraten — Warum nicht? Göttingen u. Zürich 1972, Vandenhoeck & Ruprecht

van Asch van Wijk, C.: Zweisam ist der Mensch. 94 S. München 1952, Kaiser

Wrage, K. H.: Mann und Frau. 280 S. Gütersloh 1966, Gerd Mohn

Ziegner, A.: Im Brennpunkt des Lebens. 295 S. Osnabrück 1968, Fromm

Zuber, H.: Gestörte Ehen. 84 S. Bern-Stuttgart 1967, Huber

Namen- und Sachregister

Abenteuer der Liebe 10, 150
Abnahme der Potenz 62, 137
Abortus 78
— künstlicher 93
Abwechslungsbedürfnis 36, 60
Abzahlungsgeschäft 115
ADAM, A. 20
Adoption 82
»Agape« 15
Aktivität der Frau 62
Allele 73
Alte Ehe 146 ff.
Altern 137 ff.
Angst 51, 63, 125
Anima 16, 102
Animus 16, 102
Annahme der Geschlechtlichkeit 63, 126
— der eigenen gegengeschlechtlichen
  Anlage 79, 102
— des Partners 101/2, 125 ff.
»Anti-Babypille« 89 ff.
Anziehung der Gegensätze 126
Archetypen 16
Artefizielle Insemination 82 ff.
v. ASCH VAN WEIJK, C. 20
Atmosphäre 47 ff.
Auflehnung gegen Gott 149
»Aufpassen« 86
Augenblick, geeigneter 69
AUGUSTIN 119

BAILEY, D. S. 20
BARCZAY, G. 20, 42
BARTH, K. 97, 99, 141
Basaltemperatur 87/8
Befruchtung 71 ff.
Begattung 71
Beginn der Ehe 96 ff.
BEN GURION, D. 153
Beruf des Mannes 110
— der Frau 111 ff.
BLIEWEIS, TH. 95
BLOEMHOF, G. 83
Blutsverwandtschaft 74
BÖCKLE, F. 105
BONHOEFFER, D. 100
DE BOURBON-BUSSET, J. 152
Brautzeit 96, 115
»Brot und Kuchen« 34

BUBER, M. 18, 128
Budget 114 ff.
Cervikalkappen 91
Charaktergegensätze 126 ff.
CHARDONNE, J. 40
Charme 12
Chemische Verhütungsmittel 91/2
Chromosomen 71 ff.
CLAUDEL, P. 98
Coitus 53 ff., 71
— interruptus 86
Contergan 78
Cycloides Temperament 126

Dauer der Vereinigung 50, 55
DAVIS, M. 44
Demut 130
Dialog der Liebe und Ehe 18, 20,
  134 ff., 150
Diaphragma 91
Diktatorennaturen 114
Dominant 73 ff.
Donor 82/3
DÖRING, G. K. 93
DOSTOJEWSKIJ, F. 18
»Drama der Ehe« 124 ff.
»Dritter« in der Ehe 18, 99, 143, 148
Du 10, 128
DUSS-V. WERDT, J. 46

Egoist 129
Ehe 24 ff., 94
— berater 65
— bruch 32 ff., 142
— — im Herzen 33
— Kritik an der 24
— als Person 19, 25, 58, 94
— scheidung 41, 141 ff.
— — im Alter 144 ff.
— »vollkommene« 25
Eifersucht 67
— auf Kind 79
EISENREICH, H. 111
Eizelle 71 ff.
Eisprung 87
Ejakulation 55
— verfrühte 56, 64
Elternehe 118 ff.
— neurosen 120 ff.

Empfängnisregelung 84 ff.
Enthaltsamkeit 45
Entpersönlichung 13, 37
Entscheidung 29
Entschuldigen, sich 68
Ent-täuschung 16, 125
Erbeigenschaften 71
— krankheiten 74
»Erkennen« des Partners 16, 52, 58, 125, 147
Erogene Zonen 53
Eros 11, 15, 20 ff., 47 ff.
— kultivierung 14, 20, 22
— am Tag 16, 67 ff.
Erotischer Bann 35
Erziehung und Vererbung 76
Ewiges Leben 150
Extraversion 126

Fairness 12
Falten im Gesicht 138 ff.
Familie 94 ff.
Fehler des Ehegatten 67
Fehlgeburt 78
Feste feiern 68 ff.
FLANAGAN, G. L. 80
Flirt 109
Formung, gegenseitige 30
Fortpflanzung 70 ff.
VON FRANZ, M.-L. 103
Freiheit 27, 41 f., 105, 107, 153
FREUD, S. 153
Freundschaft und Ehe 108 ff., 147
Frigidität 36, 63
Friktionen 55, 57
FRISCH, M. 13
Fruchtbarkeit 81 ff.
Fruchtbarkeitsriten 96
Frustration 22, 131
Fürbitte 31

v. GAGERN, F. 20, 44, 86
Gastfreundschaft 109
»Gaudium et spes« 86
Gebefreudigkeit 116
Gebet 31
Geborgenheit 15, 26 ff., 48
Geburt 80
Geheimnis der Ehe 39 f., 97, 152 ff.
Geld und Geist 114 ff.
Gen 71 ff
GENNE, W. H. 80
Genotyp 71 ff.
Geschlechtlichkeit 9
Geschlechtschromosomen 72
Geschwister 45, 166
Gesicht 139
Gespräch in der Ehe 18, 20, 48, 53, 65, 134 ff.
Gezeichnet durch Gott 140
GIESE, H. 21

Gleicherbig 73
Gnade 133, 141
GREELEY, A. 62
GUARDINI, R. 101, 103

Haß auf das Kind 121
Häufigkeit der Beziehungen 60
»Haus« 94 ff.
HAUSER, A. 46
Hausfrau 121
HAUSMANN, M. 38
Heiligkeit der Ehe 97, 153/4
Heirat und Ehe 97
Heterozygot 73
Hochzeit 96
Hochzeitsnacht 51
HOFMANN, W. 18
Hohes Lied 12, 22, 43
HOLM, K. 46
Homophile Neigungen 64
Homozygot 73
»Hormonpillen« 89 ff.
— spritzen 90
»Humanae vitae« 86
Humor 28, 38
Hymen 54

Ich und Du 10, 20, 128
Ich-für-Dich 129
Identifikation 16, 120
Impotenz 64
Individuationsprozeß 103
Institution der Ehe 99
Intrauterinpessar 91
Introversion 126
ITEN 101

JOEL, CH. 83
Jugend 21
JUNG, C. G. 16, 17, 103, 127
Jungfernhäutchen 54
Jungfräulichkeit 54

»Kairos« 69
Kälte, geschlechtliche 36, 63
Kameradschaft 108
KEIL, S. 20
Keimschädigungen 78
KENNICOTT, M. B. 138
KEY, E. 98
Kind 94, 117 ff.
Kinderlosigkeit 82
KINSEY, A. 55
KISTNER, R. 93
Kommunen 123
Kommunismus 143, 153
Kondom 90
Konfessionsverschiedene Ehen 104/5

Konvention 37
Kräfteverhältnis der Ehegatten 35
Krankheit und Ehe 147
KRETSCHMER, E. 126
Kreuz der Ehe 143, 147
Krisen der Ehe 142, 147
Kunst der Liebe 20, 44 ff.
Künstliche Befruchtung 82

Langeweile 30, 36
Leibfeindlichkeit 20
Leidenschaft 36, 47 ff.
LEIST, F. 20, 39
LEIST, M. 80
LEMAIRE, J. G. 46
Liebe 10, 15 ff., 28, 125
— echte und unechte 15, 18
— reife und unreife 15, 18
— zum Ich 128
— als Kunstwerk 44 ff.
LIECHTI, D. 80
LOEFFLER, L. 95
Lust 20, 39 ff., 43
LUTHER, M. 83, 142

MANDEL, K. H. 122, 132
Manichäismus 20
Männlichkeit 102 ff.
MARX, K. 99, 144, 153
MASTERS, W. H. & JOHNSON, V. E. 56
MATUSSEK, P. 22
MEHL, R. 95
MICHEL, E. 20
Minderwertigkeitsgefühle 37, 63, 67,
103, 114, 129
Minipille 90
Mischehe, konfessionelle 104/5
Mischerbig 73
MOLL, W. 95
Monogamie 24, 99
»Morning after pill« 90
Mutation 72
Mutter 117 ff.
— beziehung 15, 117 ff.
— bild 15

Nachspiel 58
NACHTSHEIM, H. 76, 85
Nacktheit 39 f., 59
Nichtigerklärung der Ehe 141

»Objektives Phänomen der Ehe« 99,
143, 152
OESER, H. 111, 151
Offenheit 65
Orgasmus 11, 49, 55 ff.
— vaginaler 57
Ovulationshemmer 89 ff.

Paar 70
Partner 11, 101
Partnerschaft 41 f., 101 ff., 132, 135
— zwischen Eltern und Kindern 105 ff.
Perfektionismus 129
PERNOUD, L. 80
Person 10, 11, 140
— der Ehe 19, 141
Perversionen 64
Pessar 91
Phaenotyp 71 ff.
Phantasie 28, 34, 37, 64
PICARD, M. 99, 136, 143, 152
»Pille« 89 ff.
Pille danach 90
PLATTNER, P. 126, 127
Polarität 126
Portiokappen 91
Potenzstörungen 63 ff.
Präservativ 90
Projektionen 15, 35, 120
Promiskuität 21, 24
Psychopathie 75
Psychotherapeut 64

Realismus 31
REICH, W. 98
REIDICK, G. 105
Rezessiv 74
Reziprozität der Fehler 67/8
Rhesusfaktor 76
RICHTER, H. E. 120, 122
Ringe (Verhütungsmittel) 91
RISCH, E. 80
Ritterlichkeit 12
ROBINSON, M. 46, 57, 66
RÖSSNER, L. 22
Röteln in der Schwangerschaft 78
RÖTZER, J. 93
ROUSSEAU, J.-J. 40, 98
RUTHE, R. 24

Sakrament der Ehe 97, 153
Samenzelle 71 ff.
— erguß, vorzeitiger 56, 64
Sauberkeit 60
Säuglingspflege 80
»Schatten« 17, 103
Scheide 53, 57
Scheidenokklusivpessar 91
— spülungen 92
Scheidung 41, 141 ff.
— im Alter 144 ff.
SCHERER, G. 20
Schizoid 126
Schizophrenie 74
Schlafraum 59
Schleimabgang 87

SCHMIDT, G. 21, 22
SCHOFIELD, M. 22
Schuld 41
Schulmeistern 31, 32
Schwangerschaft 78 ff.
— abbruch 93
— turnen 80
Schweigen 130
SCHWÖBEL, G. 81
»Seitensprung« 36, 137
Selbstbefriedigung 63, 64
»Selbstlosigkeit« 131
Sequensmethode 89
Sex 13
— welle 21
Sexualität 9, 70
Sexualtrieb 10
SIGUSCH, V. 22
Soziale Bedeutung der Frau 112/3
Spiel 13
SPINDLER, A. 105
STADELMANN, A. 105
STADTER, E. 133
STARK, B. 38
Sterilisation 92 ff.
Sterilität 81 ff.
STRUCK, G. 95
Synton 126

Tabu 22
»Technik«, erotische 51 ff.
Temperaturkurve der Frau 87/8
Tod 149 ff.
— der Ehe 144
— des Ichs 128 ff.
— des Partners 149
Torschlußpanik 137
Traumgeliebte 16
Trauung 96 ff., 141
Treue 26 ff.
— versprechen 33, 96/7
Trieb 10, 24 ff.
TROBISCH, I. 93
Trost 149/50
Tubendurchblasung 81
Typen 127, 139

Übelkeit in Schwangerschaft 78
Unbewußtes 16

— zwischen Eltern und Kindern 117 ff.
— kollektives 16
Unfruchtbare Tage 87
Unfruchtbarkeit 81 ff.
Unlösbarkeit der Ehe 141
Unpersönliche Sexualität 38 ff.
»Unschuldiger Teil« 33
Unterbindung 92/3
Untreue 32, 138
— Entstehung der 33
Urbilder 16

Vagina 53, 57
Vaginismus 63
Variationen beim Coitus 45, 60
Vater 15
— während der Schwangerschaft 79
V. DE VELDE, TH. 45
Verdrängung 17, 34
Vererbung 71 ff.
Verführung 62
Verhaltenheit 12, 107
Verhütungsmittel 84 ff.
Verlassenheitskomplex 15, 76, 117 ff.
Verliebtheit 17, 19
V. VERSCHUER, O. 75
Versuchung 41, 109, 137
Verwandtenehe 74
Voreheliche Beziehungen 21
Vorspiel 52

Wachen über den Partner 30
Wandlung des Ichs 128 ff., 132
Wechseljahre 137 ff., 144
Weiblichkeit 12
Weltbevölkerung 85
»Weltlichkeit« der Ehe 97, 154
WINZELER, H. 81
WRAGE, K. H. 46, 93
Wunder 153

Zärtlichkeit 12, 47 ff., 76
Zeithaben 28, 68 ff., 116, 136
— gestaltung 38, 68
— wahlmethode 86 ff.
ZIEGNER, A. 95